21/44.

ALBERT CAMUS
JOSÉ LENZINI

D1493815

LES ESSENTIELS MILAN

Sommaire

Albert Camus

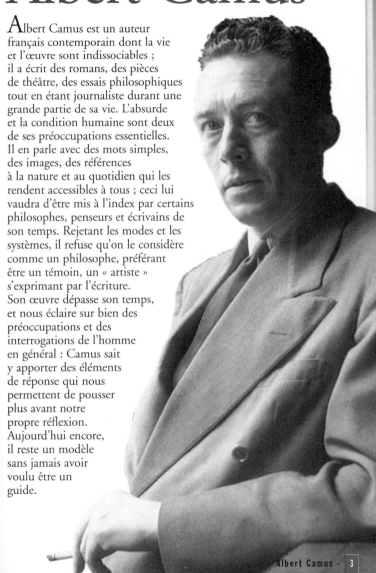

Albert Camus est un auteur français contemporain dont la vie et l'œuvre sont indissociables ; il a écrit des romans, des pièces de théâtre, des essais philosophiques tout en étant journaliste durant une grande partie de sa vie. L'absurde et la condition humaine sont deux de ses préoccupations essentielles. Il en parle avec des mots simples, des images, des références à la nature et au quotidien qui les rendent accessibles à tous ; ceci lui vaudra d'être mis à l'index par certains philosophes, penseurs et écrivains de son temps. Rejetant les modes et les systèmes, il refuse qu'on le considère comme un philosophe, préférant être un témoin, un « artiste » s'exprimant par l'écriture. Son œuvre dépasse son temps, et nous éclaire sur bien des préoccupations et des interrogations de l'homme en général : Camus sait y apporter des éléments de réponse qui nous permettent de pousser plus avant notre propre réflexion. Aujourd'hui encore, il reste un modèle sans jamais avoir voulu être un guide.

L'Algérie de Camus

**Albert Camus est un homme du Sud, de la Méditerranée.
Il en témoigne dans ses livres, ses pièces de théâtre et ses articles.
Né dans cette Algérie qui est alors une colonie française, il sera orphelin dès son plus jeune âge.**

« L'Algérie, fleur de sang au flanc de la France, conquise d'aventure, peuplée au hasard, a provoqué la plus tragique situation fausse de notre temps. La guerre à peine éteinte, nous allons à la recherche d'un homme qui la ressentit plus cruellement que tout autre. Et c'est de sa patrie d'abord qu'il faut parler. »
Morvan Lebesque, Camus par lui-même.

Le 9 juillet 1955, Camus écrit dans L'Express : « (…) Tous semblent accepter d'avance le pire : la séparation définitive du Français et de l'Arabe sur une terre de sang ou de prisons. Je suis de ceux qui ne peuvent justement se résigner à voir ce grand pays se casser en deux pour toujours. »

Entre mer et désert

Située au nord-ouest de l'Afrique, entre le Maroc à l'ouest et la Tunisie à l'est, l'Algérie s'étend sur 2,4 millions de km² (plus de 4 fois la superficie de la France), depuis les rives de la mer Méditerranée jusqu'aux régions désertiques du Sud, qui couvrent les neuf dixièmes du pays. Les paysages et les populations y sont différents, contrastés.

La capitale est Alger. C'est dans cette ville que Camus a passé les deux tiers de sa vie, c'est là qu'il forge sa personnalité et sa pensée.

La conquête coloniale

L'Algérie est sous domination turque lorsqu'elle est conquise par les Français en 1830. À cette époque, elle est peuplée de 430 000 personnes, en majorité des Berbères, ainsi que des Arabes, des Turcs et une communauté juive de 34 000 personnes.

Les soldats de la conquête sont 37 000 ; rapidement, les premiers colons s'installent : on en compte 600 cette année-là.

Le pays retrouve son indépendance en 1962, au terme d'une guerre de sept ans, après 132 ans de colonisation. La population est alors de dix millions d'habitants, dont un million de citoyens français.

Une population cosmopolite

Pour peupler cette nouvelle colonie, la France fait appel à des citoyens auxquels elle offre des terres pour les assainir (car les marécages sont nombreux) et les mettre en culture.

Ces premiers colons sont des Français, mais également des Espagnols, des Italiens ou des Maltais.

La plupart fuient des situations de misère pour tenter de faire fortune dans ce nouvel Eldorado.

Cette population cosmopolite se fixe dans les campagnes. Des ouvriers et des artisans arrivent bientôt ; ils se regroupent dans certains quartiers des grandes villes, comme celui de Belcourt, à Alger, où Albert Camus passe son adolescence et où sa mère vivra jusqu'à la fin de sa vie, en 1960.

La prise d'Alger en 1830, par Dembour, graveur et lithographe.

Le monde gronde

En Algérie, les révoltes des Arabes et des Berbères autochtones se succèdent : la colonisation se révèle difficile. À peine semble-t-elle réalisée que des problèmes d'intégration et d'assimilation se posent à une grande partie de la population européenne et musulmane.

La guerre de 1870-1871 ampute la France d'une partie de l'Alsace et de la Lorraine. Elle porte les germes de la Première Guerre mondiale. Mobilisé dès le début du conflit, le père de Camus est tué quelques semaines plus tard lors de la bataille de la Marne.

Le contexte historique et le fait qu'il soit orphelin de père vont renforcer l'attachement de Camus pour la terre où il est né, et imprégner une grande partie de sa vie, de ses écrits et de sa pensée.

Le quartier pauvre

Albert Camus vit jusqu'à l'âge de 17 ans à Belcourt, un « quartier pauvre » (comme il le nomme lui-même), cosmopolite et populaire, situé à l'ouest d'Alger.

Le hasard de Mondovi

C'est par hasard qu'Albert Camus naît le 7 novembre 1913 à deux heures du matin dans un domaine viticole, « Le chapeau de gendarme », situé à Mondovi, près de Bône – actuelle Annaba – dans l'est de l'Algérie.

En effet, son père Lucien est caviste et il est alors en déplacement provisoire dans ce village agricole. Natif de la région de Bordeaux, il a choisi de venir travailler en Algérie dans l'espoir d'y faire fortune. La mère est d'origine modeste ; native de Minorque (Espagne), elle est la deuxième d'une famille de neuf enfants qui a émigré en Algérie au début du siècle.

Marchand de confiseries en Afrique du Nord au début de ce siècle.

Elle s'appelle Catherine Sintés, comme un des personnages de *L'Étranger*.

Le couple a un autre enfant, Lucien, qui est de deux ans l'aîné d'Albert.

Orphelin dès l'enfance

En août 1914, Lucien Camus est mobilisé dans les zouaves ; blessé pendant la bataille de la Marne, il est évacué vers une école transformée en hôpital de campagne et meurt moins d'une semaine après, le 11 août 1914. « Il était mort au champ d'honneur comme on dit », écrit plus tard Albert Camus dans *L'Envers et L'Endroit*.

Entre-temps la famille s'est installée à Belcourt, chez la mère de madame Camus. C'est dans ce quartier que Camus fera habiter Meursault, le personnage central de *L'Étranger*.

Le jeune Albert ne connaîtra jamais son père autrement qu'en photo et que par de rares évocations maternelles. À la fin de sa vie, il entame la rédaction d'un livre consacré à ce père inconnu, *Le Premier Homme,* qui sera publié en 1994, trente-quatre ans après sa mort.

La vie à l'étroit

Situé sur la rue de Lyon, une artère principale et bruyante, l'appartement de Belcourt est exigu. Cinq personnes vivent dans trois pièces : la grand-mère, son fils cadet, madame Catherine Camus, Albert et Lucien. L'équipement du logement est sommaire : ni électricité, ni radio, ni chauffage ni eau courante.

La grand-mère et son fils disposent chacun d'une chambre. Les nouveaux arrivants se partagent la dernière pièce qui sert également de salle à manger et de séjour.

L'univers du silence

Cet appartement inconfortable et sombre n'est pas très propice aux discussions. La grand-mère est extrêmement sévère, et fait régner une autorité incontestée. Le jeune Albert parle peu, il échange de rares mots avec sa mère, quasiment illettrée, qui a des difficultés d'élocution s'ajoutant à une forme de pudeur. Comme il l'écrit dans *L'Envers et l'Endroit* à propos d'un personnage qui n'est autre que lui-même : « La pauvreté près de sa mère avait une douceur. Lorsqu'ils se retrouvaient le soir et mangeaient en silence autour de la lampe à pétrole, il y avait un bonheur secret dans cette simplicité et ce retranchement. »

Cet univers du silence tranche avec l'extérieur, la rue où se mêlent les cris des enfants, le tohu-bohu des charrettes et celui du tramway. « Dehors, la lumière, les bruits ; ici les silences dans la nuit. L'enfant grandira, apprendra. » (*L'Envers et l'Endroit*)

Selon un aveu renouvelé maintes fois, les clés de sa vie et de sa pensée se trouvent dans *L'Envers et l'Endroit*. En 1954, dans la préface de la réédition, il écrivait : « *Chaque artiste garde ainsi, au fond de lui, une source unique qui alimente, pendant sa vie, ce qu'il est et ce qu'il dit.* »

L'enfance et l'adolescence à Belcourt, sa vie dans « le quartier pauvre » d'Alger vont fortement influencer Camus. Durant toute son existence, il y puisera cette référence à une morale simple qui lui sert de repère constant.

L'apprentissage de la pauvreté

On ne peut aborder la personnalité et l'œuvre de Camus sans évoquer son adolescence. Lui-même l'attestera à plusieurs reprises dans ses livres, préfaces ou interviews.

Une secrète tendresse

Cette promiscuité de vie dans le silence fera de Camus un être réservé, secret, pudique. Ce « grand élan d'amour pour cette mère qui se taisait toujours » l'habitue à économiser les mots échangés. De la même manière, il restera sobre, parfois distant, dans sa manière d'écrire et de décrire.

Les plaisirs simples

Le spectacle et les jeux de la rue débordante de vie, les bains de mer à la plage toute proche, les promenades sur les collines avoisinantes, et la lecture de romans d'aventures empruntés à la bibliothèque : tels sont les loisirs simples du jeune Albert. Il vit entre la réflexion silencieuse et l'exaltation extérieure, entre la dépense physique des jeux et le calme de l'appartement muet.

Déjà, il est exalté par la nature, par cette mer omniprésente qu'il considère comme un territoire, une incitation permanente à la réflexion : « Jamais peut-être un pays, sinon la Méditerranée, ne m'a porté à la fois si loin et si près de moi-même. »

Le code de la rue

Dès son enfance, Camus fait l'apprentissage de la pauvreté. S'il en souffre parfois, il s'en plaint rarement. Comme il l'écrit en mai 1935 : « C'est dans cette vie de pauvreté, parmi des gens humbles et vaniteux que j'ai le plus sûrement touché à ce qui me paraît le sens vrai de la vie. » *(Carnet I)*

Jusqu'à l'âge de 17 ans, il vit à Belcourt. C'est dans cet environnement qu'il découvre ses premiers enseignements moraux. D'abord ceux de la rue, au contact de

> « La richesse sensuelle dont un homme sensible de ce pays est pourvu, il n'est pas étonnant qu'elle coïncide avec le dénuement le plus extrême. »
> **Noces**

Une plage en Algérie, vers 1950.

gens simples et démunis, conscients que « la vraie générosité envers l'avenir consiste à tout donner au présent. » Solidarité, générosité et respect de l'autre sont des vertus nécessaires dans ce quartier où la vie n'est pas toujours facile.

Ici, « on a sa morale et bien particulière. On ne "manque" pas à sa mère. On fait respecter sa femme dans les rues. On a des égards pour la femme enceinte. On ne tombe pas à deux sur un adversaire, parce que "ça fait vilain". Pour qui n'observe pas ces commandements élémentaires, "il n'est pas un homme", et l'affaire est réglée. Ceci me paraît juste et fort. Nous sommes encore beaucoup à observer inconsciemment ce code de la rue, le seul désintéressé que je connaisse. Mais en même temps, la morale du boutiquier y est inconnue. »

Une morale simple

D'une grande fidélité à cet apprentissage moral du « quartier pauvre », Camus en gardera l'essentiel dans une union de la nature et de l'homme. Ces principes resteront des références permanentes, des règles fondamentales de l'existence de tout honnête homme. Camus veut conserver cette modestie des humbles pour vivre en unité avec le monde, celui des gens et des choses simples. Il sait que la réalité de toute chose est une « confrontation entre l'appel humain et le silence déraisonnable du monde ».

C'est à Belcourt que le jeune Camus apprend l'essentiel de la vie, du comportement social et de la morale ; ils lui serviront d'appui et de référence sa vie durant.

L'éveil littéraire

Le jeune Camus mérite de poursuivre des études, mais il s'en est fallu de peu qu'il ne termine sa vie comme tonnelier...

La leçon de la communale

De 1918 à 1923, Albert Camus fréquente l'école communale du quartier. C'est un bon élève, appliqué mais plutôt timide et effacé. Aussi, à la fin de sa scolarité primaire, son instituteur, M. Louis Germain, suggère à madame Camus de solliciter une bourse grâce à laquelle il pourra aller au collège ; il insiste car il estime que cet élève est « doué pour les études ». La grand-mère s'oppose à cette idée ; elle juge plus rentable que le jeune garçon (qui n'a que 10 ans) entre en apprentissage à la tonnellerie où travaille son oncle. Pour une fois, madame Camus tient tête à sa mère. Albert ira au « grand collège ».

Une vague idée de Dieu

À la même époque, Albert suit des cours de catéchisme. C'est son aïeule, soucieuse du qu'en-dira-t-on, qui a exigé qu'il en soit ainsi, alors que la famille est détachée de toute pratique religieuse.

Le garçon prépare sa première communion sans enthousiasme et reçoit un enseignement catholique qui influencera, sans doute, l'homme et le créateur qui s'interrogera plus tard sur « le paradoxe d'un Dieu tout-puissant et malfaisant, ou bien bienfaisant et stérile ».

Un autre monde

En fréquentant le lycée, Albert Camus découvre le centre-ville d'Alger, et des quartiers sensiblement différents de celui où il habite : de grands et beaux immeubles, une population beaucoup plus aisée. Il prend alors conscience de sa différence. Dans son vêtement mal taillé, le boursier du « quartier pauvre » aura du mal à s'adapter. Il se sent comme étranger à ce monde qu'il veut fuir mais au sein duquel il doit s'imposer s'il veut réussir ses études.

L'HOMME   L'ŒUV

Albert Camus (casquette au 1ᵉʳ rang) gardien de but du Racing universitaire d'Alger, vers 1930.

Un double sentiment de honte

Bien plus tard, en 1945, Camus confiera combien cette « confrontation » fut douloureuse : « J'avais honte de ma pauvreté et de ma famille (mais ce sont des monstres !). Et si je puis en parler aujourd'hui avec simplicité c'est que je n'ai plus honte de cette honte et que je ne me méprise plus de l'avoir ressentie. Je n'ai connu cette honte que lorsqu'on m'a mis au lycée. Auparavant, tout le monde était comme moi et la pauvreté me paraissait l'air même de ce monde. Au lycée, je connus la comparaison. » (*Carnets*)

La blessure du soleil

Le football l'aidera dans son intégration. Il joue comme gardien de but dans un club universitaire ; il est tellement passionné qu'il envisage même d'entreprendre une carrière professionnelle. Hélas, en 1930, il est victime d'un « refroidissement » que l'on croit dû à une chaleur excessive. Il s'agit, en fait, des premières atteintes de la tuberculose : il souffrira de cette maladie durant toute sa vie. Elle aura une influence importante sur Camus et ses écrits : il sera toujours tiraillé entre sa passion de vivre et cette menace de mort lancinante ; de cette opposition naît la notion d'absurde qui prédomine dans son œuvre. Comme il n'existe pas, à l'époque, de traitement curatif, on prescrit au jeune homme une alimentation équilibrée et beaucoup de viande rouge. Albert prend pension chez son oncle Acault, boucher et érudit qui tient une boutique à Alger, dans le quartier chic du centre-ville.

> Deux hommes sont déterminants dans la scolarité et la carrière littéraire de Camus : son instituteur Louis Germain et son professeur de philosophie Jean Grenier. Le premier lui permettra de poursuivre des études secondaires, le second l'incitera à écrire.

Les découvertes déterminantes

L'installation chez son oncle Acault marque un changement radical dans la vie matérielle de Camus. Ce changement de vie est également l'occasion de découvertes littéraires qui seront déterminantes.

Les livres de l'oncle

Son oncle est fortuné : le jeune lycéen est donc à l'abri du besoin. Il va également bénéficier de sa bibliothèque très riche. C'est ainsi qu'il découvre de nombreux auteurs, notamment André Gide (1869-1951), dont *Les Nourritures terrestres* vont le marquer. Il y retrouve cette « divination du corps » chère au philosophe Friedrich Nietzsche, mais y apporte certaines critiques : « Je n'aime pas la façon dont Gide exalte le corps. Il lui demande de retenir son désir pour le rendre plus aigu. (…) Le christianisme aussi veut suspendre le désir. »

L'écho d'une douleur

À cette lecture de Gide s'en ajoute une autre qui sera déterminante. Grâce à Jean Grenier, il découvre *La Douleur* d'André de Richaud, où il retrouve un peu de son univers : « une mère, la pauvreté, les beaux ciels. (…) Je venais d'apprendre que les livres ne versaient pas seulement l'oubli et la distraction. Mes silences têtus, mes souffrances vagues et souveraines, le monde singulier, la noblesse des miens, leur misère, mes secrets enfin, tout cela pouvait donc se dire ! Il y avait une délivrance, un ordre de vérité où la pauvreté, par exemple, prenait tout d'un coup son vrai visage, celui que je soupçonnais et révérais obscurément.

Groupe d'élèves de la classe de 1re supérieure, classe de préparation à Normale à Alger, en 1932-1933. Au 3e rang, deuxième en partant de la droite : Albert Camus.

L'HOMME L'ŒUVRE

La Douleur me fit entrevoir le monde de la création, où Gide devait me faire pénétrer. » (*Rencontre avec André Gide*)

Un étudiant exceptionnel

« Grand, très à l'aise dans un costume bien taillé, un nœud papillon donnant à l'ensemble une légère touche de recherche, il m'accueillit avec une réserve teintée de cordialité » : ainsi son ami Charles Poncet décrit-il le jeune Albert, bon élève cultivant la discrétion mais captant l'attention, séduisant ceux et celles qui le côtoient. Après son bac, il choisit d'entreprendre des études de philosophie et entre à la faculté d'Alger. Il étonne ses professeurs par son ouverture d'esprit, sa curiosité et sa volonté d'aborder tout problème, toute discussion avec une vision personnelle et des arguments pertinents.

Comme en témoignera Jean Grenier qui fut son professeur de philosophie, « Albert Camus ne se trompait pas sur ses propres forces, il était, par une exception infiniment rare, juge exact de sa valeur ». Ce professeur discerne rapidement les qualités de cet élève exceptionnel et l'encourage à l'étude et à l'écriture.

La rupture politique

Les années à venir sont particulièrement importantes pour le jeune homme et son engagement dans une société en mutation.

En 1932, il publie ses premiers articles dans la revue *Sud* au sein de laquelle Jean Grenier réunit quelques essais de ses meilleurs étudiants. Tout en poursuivant ses études, il se marie en 1934 avec Simone Hié, une jeune fille de bonne famille alliant beauté et intelligence, mais ils divorcent l'année suivante.

Il prépare ensuite son mémoire de Diplôme d'études supérieures intitulé *Néo-platonisme de la pensée chrétienne*. Il voyage en Autriche, en Tchécoslovaquie et en Italie ; c'est l'occasion d'une prise de conscience de la montée du fascisme, ce qui va accentuer ses engagements.

En 1935, il adhère au parti communiste mais n'y restera pas longtemps.

Des découvertes littéraires et politiques vont faire évoluer le jeune étudiant Camus.

Solitaire et solidaire

Entre la solitude du créateur et l'implication de l'individu dans son époque, Camus cherchera toujours à trouver le juste équilibre et à tenir sa place d'homme dans la société. Il recherche son « unité avec le monde ».

L'engagement politique

En 1933, alors qu'Hitler accède au pouvoir (le 30 janvier), le jeune étudiant milite dans le mouvement anti-fasciste Amsterdam-Pleyel. Il adhère au parti communiste, en 1935, sur les conseils de Jean Grenier qui le sent « blessé par l'inégalité de situation des Européens et des indigènes. » De grandes divergences entre le Parti communiste français et le Parti populaire algérien (qui prône une indépendance, à terme, de l'Algérie) l'amènent à démissionner du PC en 1937.

Ce sera sa seule expérience de militant politique dans un parti. Cet échec le conforte dans son idée de militer par le texte et par l'action, dans un refus des partis et des idéologies.

L'esprit d'équipe

La notion d'équipe est importante pour l'homme comme pour le créateur. Il l'a trouvée dans le football ; il la recherche dans sa vie quotidienne. Dans le groupe, il aime retrouver cette fraternité, cette cohésion et cette force qui font la grandeur aussi bien du sport, du théâtre que de l'engagement politique.

Camus aime le théâtre. Engagé dans la troupe théâtrale itinérante de Radio Alger, il effectue des tournées quinze jours par mois dans les villes et villages du pays. Il joue de petits rôles dans des pièces classiques qui ne l'exaltent pas particulièrement. S'inspirant de Copeau et de Dullin, il crée, en 1935, sa propre troupe « Le Théâtre du travail » et adapte *Le Temps du mépris* d'André Malraux, dont les premières représentations sont données en janvier 1936.

Sur la scène de la vie

L'engagement politique de Camus est lié à la création de sa troupe. Le théâtre reste pour lui un lieu d'échanges et de partages qu'il souhaite ouvert au plus grand nombre. Au « Théâtre du travail » (trop inféodé au parti communiste) succède « L'Équipe » ; avec quelques amis il écrit *Révolte dans les Asturies* qui sera publiée à Alger chez Charlot, un jeune éditeur d'Alger ; cette pièce évoquant une insurrection ouvrière précédant la guerre d'Espagne est interdite par la censure.

C'est à la même époque, et dans le même esprit, que Camus prend la direction de la Maison de la culture d'Alger. Il a la volonté de concilier, d'harmoniser les civilisations française et indigène dans le souci de l'éclosion et de l'épanouissement d'une nouvelle culture de la Méditerranée, qui pourrait être commune à tous ses riverains.

Discussion au soleil, dans une rue de la Casbah d'Alger.

Des petits boulots

Les multiples activités intellectuelles de Camus ne sont pas lucratives. Pour subvenir à ses besoins, il lui faut assumer des petits boulots ; c'est ainsi qu'il sera employé de bureau à la préfecture (comme Grand, le héros de *La Peste*), qu'il occupera un poste à la météorologie nationale, qu'il travaillera chez un assureur et chez un courtier maritime (comme Meursault, le personnage principal de *L'Étranger*).

Entre 1933 et 1937, Camus traverse une période fertile en expériences personnelles et politiques. Elles vont affirmer sa personnalité et influer sur son avenir.

Esquisse de *L'Étranger*

Alors que l'étudiant décide de devenir écrivain, il travaille à un manuscrit qui peut être considéré comme une esquisse de *L'Étranger* et dans lequel on pressent également *Le Mythe de Sisyphe*.

Le foisonnement des vraies richesses

Condisciple de Camus, Edmond Charlot, qui n'a que 21 ans, crée en 1936 au centre d'Alger une librairie qu'il appelle « Les vraies richesses », empruntant ce nom à un titre de Jean Giono. En publiant à cinq cents exemplaires *Révolte dans les Asturies*, Charlot prend le statut d'éditeur. Il publiera notamment des œuvres d'Albert Camus, André Gide, Henri Bosco, Jean Giono, Cervantès, Jules Roy, Emmanuel Roblès, Arthur Koestler, Georges Bernanos, Federico García Lorca, Aldous Huxley, ou Alberto Moravia.

Le lieu est minuscule, mais il devient vite un lieu de rencontres. Albert Camus fréquente assidûment cet endroit où se retrouvent l'intelligentsia et certains grands noms de la littérature.

Il sera écrivain

La maladie sera la compagne permanente de Camus. Il aurait pu devenir un brillant agrégé de philosophie, mais elle y fait obstacle ; l'Administration lui a interdit de se présenter au concours pour raison de santé. Elle lui a offert un poste d'enseignant au collège de Sidi Bel Abbes (dans l'ouest du pays) : il refuse. Une carrière littéraire s'impose à lui du fait de sa tuberculose.

Le 10 mai 1937, il publie chez Charlot son premier livre, *L'Envers et l'Endroit*, qu'il dédie à Jean Grenier. Il a choisi sa voie : « Je sais maintenant que je vais écrire. Il vient un temps où l'arbre, après avoir beaucoup souffert, doit porter ses fruits. Chaque hiver se clôt par un printemps. Il me faut témoigner. » écrit-il dans les *Carnets*.

Caligula, un tyran intelligent

Empereur romain du iᵉʳ siècle, Caligula fut très populaire du fait de sa politique libérale. Mais il sombra dans une folie cruelle qui ensanglanta les dernières années de son règne. Camus a voulu le présenter comme « un tyran d'une espèce relativement rare, je veux dire un tyran intelligent, dont les mobiles semblaient à la fois singuliers et profonds. En particulier, il est le seul, à ma connaissance, à avoir tourné en dérision le pouvoir lui-même. » (Camus, 1958).

L'HOMME L'ŒUVR

Ébauche de *L'Étranger*

Au cours de cette même année 1937, Camus prépare *La Mort heureuse*, un livre qui restera à l'état de manuscrit et qui ne sera publié qu'en 1971, à titre posthume, l'auteur n'ayant pas souhaité le publier de son vivant. L'œuvre manque de cohésion mais on y retrouve le style futur de Camus. Ce manuscrit est important car il peut être considéré comme l'ébauche de *L'Étranger* : on y retrouve en effet certains passages de *La Mort heureuse*.

Il écrit également *La Révolution pessimiste*, un essai qui sera perdu durant la guerre.

Répétitions de *Caligula* (1958).

Caligula : le sens de la mort

En 1938, année de souffrances physiques intenses, Camus écrit *La Mort heureuse*, puis entreprend la rédaction de *Caligula*, une pièce dont le personnage principal a le même âge que lui (25 ans). La portée de cette œuvre apparaît dans son titre : *Caligula ou le sens de la mort*. Comme l'explique Roger Quillot, l'un des meilleurs biographes de Camus, ce choix n'était pas innocent ; il voulait « en faire une sorte de méditation active et mimée sur le sens de la mort. Pourquoi ce thème de la mort ? Ne l'oublions pas, en 1936 et 1937, la santé de Camus demeure précaire (…). Il sait, d'expérience, ce que représente un amour de la vie, une fureur de vivre, pourrions-nous dire, qui ne se voudrait pas de limites et se heurte souvent aux barrières de la maladie. »

Par ailleurs, son activité théâtrale est toujours féconde. En 1937, il a adapté et présenté *La Célestine* de Fernando de Rojas. L'année suivante, il monte *Le Retour de l'enfant prodigue* d'après André Gide, *Le Paquebot Tenacity* de Charles Vildrac et *Les Frères Karamazov* dans l'adaptation de Copeau.

Ayant refusé la politique, dans le sens partisan et dogmatique, car il se sent « incapable de vouloir ou d'accepter la mort de l'adversaire » *(Carnets II)*, Camus sera un créateur. Le théâtre et la littérature seront ses engagements dans le monde.

LECTURE   APPROFONDIR

Les noces avec l'histoire

Lieu privilégié, Tipasa est intimement liée à la vie et aux écrits de Camus. C'est un site où s'unissent et se confondent nature, histoire et mythes : trois éléments vitaux et indissociables.

Noces est un recueil de quatre essais comportant *Noces à Tipasa*, *Le Vent à Djemila*, *L'Été à Alger* et *Le Désert*. Ce sont quatre évocations qui ont en commun la nature, ses beautés et sa symbiose avec l'homme.

« Habitée par les Dieux »

Gisement archéologique exceptionnel, situé sur le littoral, à soixante-dix kilomètres à l'est d'Alger, Tipasa est un ancien comptoir phénicien devenu colonie latine au Ier siècle de notre ère avant d'être conquise par les Romains au IIe siècle. Camus le découvre en compagnie d'un de ses condisciples. Il est subjugué par la beauté de cette nature qui témoigne d'une histoire face à laquelle il est impossible de tricher.

Ce sera le sens profond de *Noces* qui est une ode à ce lieu emblématique. Les premières lignes de cet ouvrage, écrit dès 1936 et publié en mai 1939 chez Charlot, en attestent : « Au printemps, Tipasa est habitée par les Dieux et les Dieux parlent dans les odeurs du soleil et des absinthes, la mer cuivrée d'argent, le ciel bleu écru, les ruines couvertes de fleurs et le soleil à gros bouillons dans les amas de pierres. »

Une transcendance

Tipasa est le lieu magique où la beauté engendre le bonheur immédiat, qui lui-même commande que l'homme devienne ce qu'il est, selon le vœu de Nietzsche, dont Camus se sent proche. « Il y a peut-être une transcendance vivante dont la beauté fait la promesse, qui veut faire aimer et préférer à tout le monde, ce monde mortel et limité. »

Dès lors, le divin se fait imminent, concret, palpable : « À Tipasa, je vois équivaut à je crois et je ne m'obstine pas à nier ce que ma main peut toucher et mes lèvres caresser. » (*Noces*)

Bonheur et mort consciente

À Tipasa, Camus est à la fois observateur et acteur. Cet homme que la maladie accule à une mort sans cesse retardée trouve ici le plein épanouissement de la vie, du bonheur. Ces méditations sur la nature et l'homme, sur la pérennité de l'histoire et la mort inéluctable ne doivent pas faire oublier le sens profond de ces *Noces*.

Quand l'écrivain « tente d'accorder sa respiration aux soupirs tumultueux du monde » c'est dans la conscience de sa durée et sa volonté de vivre sa « mort consciente », pour reprendre le titre de la deuxième partie de *La Mort heureuse*.

L'exemple des mythes grecs

S'il refuse de céder aux « fables » religieuses ou idéologiques que les hommes construisent pour affronter les réalités de la vie, Camus avoue que le monde où il est « le plus à l'aise, c'est le mythe grec ». Pas question pour autant d'être passéiste et de suivre aveuglément les vieilles légendes du panthéon grec. Comme il l'écrira plus tard dans *L'Étranger* : « Les mythes n'ont pas de vie par eux-mêmes. Ils attendent que nous les incarnions. Qu'un seul homme au monde réponde à leur appel, et ils offrent leur scène intacte. » En un mot, l'important est que « les Grecs ne niaient pas les Dieux, mais ils leur mesuraient leur part. »

Fidèle à Nietzsche
Comme le philosophe allemand Friedrich Nietzsche (1844-1900) auquel il voue une grande admiration, Camus refuse toute transcendance divine ou morale. Même s'il refuse ses thèses et son culte du surhomme, il se sentira toujours proche de ce fidèle de la terre.

La nature porte en elle des enseignements précieux pour l'homme. Elle est le lieu où il prend la pleine mesure de son bonheur et de son pouvoir face à l'absence d'espoir.

Le refus des systèmes

Tout choix est arbitraire. Au confort des idées reçues, des dogmatismes et des systèmes, Camus préfère déjà la liberté qui réfute les arbitraires.

Nature et révolte

En exergue du *Mythe de Sisyphe* figure cette pensée de Pindare qui pourrait avoir valeur de maxime : « Ô mon âme, n'aspire pas à la vie immortelle, mais épuise le champ du possible. » À Tipasa, Camus se retrouve dans la confluence de l'histoire (dont les ruines sont une attestation encore vivante), de la nature (particulièrement présente et odorante dans ces noces entre la mer et la terre) et du temps qu'il souhaite vivre « dans l'intensité du moment ». Dès lors, il n'est pas question de se laisser aller à la seule rêverie, mais il convient de s'inscrire dans la continuité de l'histoire, de réagir en agissant sur son propre devenir. D'où un sentiment de révolte qu'on trouve constamment dans la vie et l'œuvre de Camus.

La révolte est une réaction à ce qui paraît établi, conforme, inaliénable. Face au néant de la mort, l'union avec le monde impose la vie dans un bonheur à conquérir chaque jour sur soi-même, pour les autres également.

Unité avec le monde

Une notion est chère à Camus : il s'agit de l'unité avec le monde qu'il évoque dès *L'Envers et l'Endroit* en écrivant : « Et quand donc suis-je plus vrai que lorsque je suis le monde. » Cette unité joue un rôle purificateur qui permet à l'homme de vivre sans Dieu.

« Cette union que souhaitait Plotin, quoi d'étrange à la retrouver sur la terre ? L'unité s'exprime ici en termes de soleil et de mer. (…) Être pur c'est retrouver cette patrie de l'âme où devient sensible la parenté du monde » écrit Albert Camus dans *Noces*.

En 1958, de retour à Tipasa, alors que la guerre d'Algérie

ensanglante le pays, c'est là encore qu'il trouve la matérialisation mythique du chaos ; les ruines sont désormais protégées de herses et il écrit : « Élevé dans le spectacle de la beauté qui était ma seule richesse, j'avais commencé par la plénitude. Ensuite étaient venus les barbelés, je veux dire les tyrannies, la guerre, les polices, le temps de la révolte. Il avait fallu se mettre en règle avec la nuit. » (*L'Été*)

Albert Camus, en 1947.

L'idée de Dieu

Le choix d'une existence niant toute notion de péché, ce refus d'aliénation et de sujétion aux religions et aux idéologies font de Camus un homme au parti pris libertin qui se situe aux antipodes du pari pascalien.

Dans sa solitude – y compris solidaire – l'homme ne peut se satisfaire de l'idée d'un créateur supérieur, invisible et foncièrement bon dont il se prend à douter, dès ses premiers écrits.

Entre deux arbitraires

Comme il l'écrira, non sans un certain humour, dans ses *Carnets* : « L'immortalité est une idée sans avenir ». D'où la nécessité pour l'homme de trouver sa voie et sa sauvegarde en passant outre le « paradoxe d'un Dieu tout-puissant et malfaisant, ou bien bienfaisant et stérile. » (*L'Homme révolté*)

Il est clair pour Camus que Dieu n'existe pas. Il n'aura de cesse de s'attacher à cette idée et de la défendre. Cependant, on ne trouve pas chez lui un systématisme et un athéisme forcenés. Comme il le déclare en 1948 dans une interview accordée à *La Revue du Caire* : « Il y a la mort des enfants qui signifie l'arbitraire divin, mais il y a aussi le meurtre des enfants qui traduit l'arbitraire humain. Nous sommes coincés entre deux arbitraires. » Dès lors, « si les hommes ne sont pas innocents, ils ne sont coupables que d'ignorance. »

> Au-delà de la communion avec la nature, c'est l'idée de Dieu à laquelle se confronte Camus : il lui préfère les mythes grecs et leur pérennité.

Un historien de l'instant

Sans rompre avec ses préoccupations et les thèmes développés jusqu'alors, Albert Camus entame en 1938 une carrière de journaliste qu'il mènera simultanément avec celle d'écrivain.

Une rupture décisive

Après avoir milité au parti communiste, il le quitte au cours de l'été 1937 car ce parti ne réagit pas quand le gouvernement français interdit L'Étoile nord-africaine (un parti indigène favorable à l'indépendance de l'Algérie) et emprisonne certains de ses militants. Il reproche également au PC d'être en retrait sur une évolution politique qui – par le biais du projet de loi Blum-Violette – se satisfait de l'obtention de la nationalité française pour seulement vingt mille des six millions d'indigènes d'Algérie.

Cette rupture sur laquelle Camus restera très discret est une prise de conscience plus profonde ; elle le conduira à une autre forme d'engagement : celui de l'artiste témoignant par l'écrit.

Alger républicain

En septembre 1938, quelques hommes de gauche décident de lancer un nouveau journal libéral. Le premier numéro sort le 6 octobre. Quatre jours plus tard, Albert Camus est embauché par le rédacteur en chef Pascal Pia, avec lequel il deviendra très ami. Le 9 octobre, Camus signe une chronique littéraire dans laquelle il fait une présentation de deux livres de Jean-Paul Sartre : *Le Mur* et *La Nausée*. En fait, l'essentiel de son travail de journaliste sera plutôt la « couverture » des informations algéroises, un travail routinier avec lequel il rompt parfois, le temps d'un procès ou d'une enquête. Au départ, ce nouveau métier, même s'il se rapproche de sa passion pour l'écriture, reste un moyen de gagner sa vie. L'éveil sera plus tardif.

L'HOMME   L'ŒUV

Laboureurs kabyles.
À l'arrière-plan,
la chaîne
du Djurdjura
couverte
de neige.

Révolte dans le prétoire

C'est avec le procès Hodent que Camus prend conscience de son rôle de journaliste, de cette fonction de justice et de révolte qu'il s'est assignée en tant que romancier. Hodent, qui travaille dans un service de distribution, est accusé de vol de blé. Camus fait une enquête avant l'ouverture du procès et dénonce dans ses articles les manipulations avant de démontrer l'innocence d'Hodent, qui sera acquitté.

En août 1936, dans l'assassinat du grand mufti El Okbi, il mettra également en évidence les faiblesses de l'accusation ce qui aidera l'accusé à obtenir l'acquittement. Même si l'histoire prouvera qu'il a commis quelques erreurs – faute de bien connaître la communauté musulmane et la montée du nationalisme – son courage, sa détermination sont exemplaires.

Un combat pour la justice

D'autres articles et reportages vont suivre. Tous sont marqués par cette même volonté de convaincre en dénonçant les injustices sous toutes leurs formes. Il traite des réalités sociales, économiques ou politiques du pays tout en mettant en exergue les inégalités entre les communautés européenne et indigène.

En juin, il publie une série d'articles, *Misère de la Kabylie*, résultant d'une grande enquête dans cette région surpeuplée de l'Algérie, particulièrement touchée par la misère et la famine. Il y dénonce l'attitude de certains colons européens qui possèdent les meilleures terres de cette zone montagneuse livrée à elle-même, abandonnée à son agonie. Le jeune journaliste (25 ans) ne cesse de lancer des cris d'alarme prémonitoires.

À partir de 1938, Albert Camus trouve dans le journalisme une forme d'expression et d'action complémentaires de celles de la littérature et du théâtre.

Dénoncer les injustices

Pas de compromis pour le jeune journaliste qui prend le parti des humbles et des opprimés, dénonce les injustices et alerte ses lecteurs à propos d'une situation qui, faute de solutions véritables, va entraîner la révolte des plus pauvres.

L'éphémère *Soir-Républicain*

La Seconde Guerre mondiale est déclenchée le 3 septembre 1939. Face à la montée du totalitarisme, Albert Camus est tiraillé entre son pacifisme et son désir de défendre son idéal de liberté ; il s'engage mais la commission de réforme le considère comme « exempté » du fait de sa maladie.

L'injustice qui sévit en Algérie et menace le monde décuple le travail de Camus. Dès juillet, la censure s'est exercée avec force à l'encontre d'*Alger républicain* qui disparaît à la fin d'octobre 1939. Dès le 15 septembre a été créé le *Soir-Républicain* dont il devient le rédacteur en chef. Il y défend les libertés, dont celles d'écrire et de penser. En pure perte. Ce quotidien aura les mêmes difficultés et sera suspendu par les autorités.

Camus poursuit son œuvre littéraire et travaille sur le thème de l'absurde ; il se retrouve sans emploi. Il part pour Oran (ville de l'Ouest algérien) où il enseigne dans une école privée.

Premier exil

Dans cette période de chaos et de débâcle, il termine *L'Étranger* avant de quitter l'Algérie pour rejoindre Paris où Pascal Pia lui propose un poste de journaliste à *Paris-Soir*. Il vit modestement et suit bientôt la rédaction du journal qui, lors de l'occupation de Paris, s'installe à Clermont-Ferrand puis à Bordeaux, à Clermont-Ferrand de nouveau, et enfin à Lyon. Camus y épouse Francine Faure, le 3 décembre 1940. Cet exil est d'autant plus difficile pour lui qu'à la fin de l'année il est licencié, car les soldats français vaincus vont reprendre leur emploi d'avant-guerre.

Second exil

En février de cette même année 1941 il termine *Le Mythe de Sisyphe*. Tout en enseignant à Oran, il fait de fréquents séjours à Alger pour tenter, sans succès, de redonner vie au « Théâtre de l'équipe ». Il milite dans la Résistance. L'année suivante, il est de nouveau terrassé par une rechute de tuberculose et doit rejoindre Chambon-sur-Lignon (Auvergne) pour une longue convalescence. La parution du *Mythe de Sisyphe* est assombrie par le débarquement allié en Algérie, au mois de novembre, qui l'empêche de regagner son pays ; il restera séparé de sa femme jusqu'à la Libération. Dans ce nouvel exil, il se sent inopérant face à cette Europe en guerre qui « se convulse, et c'est pour cela qu'elle mourra si la paix pour elle ne signifie pas le retour à la beauté et à sa place rendue à l'amour ». Avec beaucoup de difficultés, il entame l'écriture de *La Peste*.

Oran. Le fort Santa Cruz et les bateaux à la sortie du port.

Du nouveau... *Combat*

Fort heureusement, il devient célèbre et rencontre d'autres intellectuels comme Sartre, Aragon, Elsa Triolet ou le poète Francis Ponge, ce qui aidera à sa reconversion professionnelle : en avril 1943, il devient lecteur chez Gallimard.

Pascal Pia est devenu un des principaux responsables de *Combat* et c'est par son intermédiaire qu'il entre dans ce mouvement clandestin de résistance qui donnera naissance à un journal portant le même nom ; Camus y collaborera avant d'en devenir le rédacteur en chef.

Le romancier est maintenant convaincu de l'importance de son travail de journaliste ; dans ces périodes difficiles où l'information était tellement précieuse, il a pu être « l'historien du moment » selon sa propre définition.

La guerre marque une coupure et une reconnaissance pour Camus, désormais conscient que littérature et journalisme se complètent en se confortant.

Pressentiment d'histoire

En tant que journaliste, Camus prend conscience de certaines dérives politiques, notamment en Algérie où il pressent, dès 1945, un risque sérieux de voir les indigènes s'éloigner irrémédiablement de la France.

Vigilance et conscience

La liberté retrouvée, chacun oublie le passé. C'est une crainte pour Camus qui, en décembre 1944, écrit en forme de mise en garde : « Que la liberté vienne vite et que nous soyons médiocres et puissants à notre aise. » En effet, le mal couve ailleurs. S'il poursuit son travail littéraire, il n'en reste pas moins attentif aux sursauts du monde en pratiquant ce qu'il appelle « le journalisme critique ». C'est dans cet esprit qu'il commente les procès de l'épuration.

Au lendemain du 6 août 1945, jour de l'explosion de la bombe américaine sur Hiroshima, il est le seul journaliste français à dénoncer « le dernier degré de sauvagerie » que vient d'atteindre notre « civilisation mécanique » et à lancer un cri d'alarme : « Il va falloir choisir, dans un avenir plus ou moins proche, entre le suicide collectif ou l'utilisation intelligente des conquêtes scientifiques. »

Alger.
Sortie d'école maternelle dans la Casbah.

La fracture algérienne

C'est avec la même conscience qu'il a réalisé un reportage sur la répression qui fait suite à la manifestation d'indigènes en mai 1945 à Sétif (Algérie) et qui s'est soldée par plusieurs dizaines de milliers de morts. Il pressent alors le mouvement d'indépendance en écrivant : « J'ai lu dans un journal du matin que 80 % des Arabes désiraient devenir des citoyens français. Je résumerai, au contraire, l'état actuel de la politique algérienne en disant qu'ils le désiraient effectivement mais qu'ils ne le désirent plus. »

Polémiste lucide, il se fait de nombreux ennemis dans les rangs des intellectuels décontenancés par ce franc-tireur au parler vrai et dérangeant.

La fin de *Combat*

Comme l'expliquera Simone de Beauvoir, Camus « n'aimait pas les hésitations ni les risques qu'implique la réflexion… », ni les renoncements et les atermoiements qu'il dénonce dans *Ni victimes, ni bourreaux*, une série d'articles précédant sa démission, en juin 1947, de *Combat* qui s'est progressivement détaché de son ancrage à gauche.

Express et silences

Albert Camus est reconnu, il ne tardera pas à être consacré mais il prend du recul par rapport à son métier de journaliste. Il faut attendre 1955 pour qu'il rejoigne *L'Express*, un hebdomadaire libéral qui vient d'être lancé.

La guerre d'indépendance fait rage en Algérie depuis novembre 1954 et l'essentiel des articles de Camus portera sur ce sujet brûlant. Il croit à une possible réconciliation entre les deux communautés et ne cesse d'argumenter en ce sens, à longueur d'articles, prolongeant cette action par un « appel à la trêve civile ».

Mais son action est inopérante. Dès lors, il quitte *L'Express* et choisit le silence. À ceux qui lui reprochent cette attitude, il réplique par la publication d'*Actuelles III*, un recueil de ses « chroniques algériennes » regroupant la plupart de ses articles sur l'Algérie. Cet ouvrage synthétique et riche d'enseignements ne suscite pas un grand intérêt. Le général de Gaulle vient de prendre le pouvoir ; la IVe République a vécu ; l'Algérie française également.

> La Seconde Guerre mondiale et la guerre d'indépendance d'Algérie vont être des fractures pour le journaliste déçu qui choisira le silence.

Un étranger très familier

L'activité journalistique de Camus ne le tient pas éloigné de son travail littéraire. C'est durant cette période d'engagement et d'exil qu'il connaît la célébrité et la consécration, notamment avec *L'Étranger* dont le succès le place au premier rang des écrivains de l'après-guerre.

Une grande solitude

Commencé en 1939, le manuscrit de *L'Étranger* n'est édité qu'en 1942. Ce roman étrange a de quoi dérouter. Notamment par le comportement de son héros, Meursault, qui enterre sa mère dans une sorte d'indifférence, avant de se baigner, dès le lendemain, avec une jeune fille dont il devient l'amant. Le dimanche suivant, un ami de rencontre, Raymond – qui est souteneur – l'invite à passer la journée dans un cabanon.

Ils rencontrent deux Arabes qui ont déjà eu maille à partir avec Raymond ; il s'ensuit une bagarre sur la plage au terme de laquelle Meursault tue l'un d'entre eux avec le revolver qu'il a soustrait à Raymond. Il a tiré quatre balles, « sans raison autre que le soleil aveuglant ».

Il est arrêté et, au cours du procès, le héros est accusé par l'avocat général d'avoir toujours eu une attitude de criminel. Il est condamné à mort, et refuse l'assistance de la religion car il ne croit pas en Dieu. Sa révolte calmée, il va à l'échafaud, acceptant l'absurde avec une étonnante sérénité.

Qui est donc Meursault ?

Deux notes consignées dans ses *Carnets* donnent un éclairage intéressant sur Meursault, le personnage principal. En avril 1937, il note : « Récit. L'Homme qui ne veut pas se justifier. L'idée qu'on se fait de lui lui est préférée. Il meurt seul à garder la conscience de sa vérité. Vérité de cette consolation. »

En août, il écrit : « un homme qui a cherché la vie, là où on la met ordinairement (mariage, situation, etc.) et qui s'aperçoit d'un coup, en lisant un catalogue de mode, combien il a été étranger à sa vie (la vie telle qu'elle est considérée dans les catalogues de mode). »

Mais il convient de revenir en arrière pour prendre la pleine mesure du récit. C'est également en 1937 qu'Albert Camus travaille à un manuscrit qu'il ne publiera pas de son vivant : *La Mort heureuse* et à propos duquel il notera, en juin 1938 : « écrire roman ». *L'Étranger* est en gestation.

Similitudes et finalités communes

Dans ce manuscrit abandonné, le héros s'appelle Mersault ; on peut y voir une contraction de « mer » et « soleil ». Il a en commun avec le héros de *L'Étranger* son goût de liberté, une certaine indifférence et une absence d'ambition.

Tous deux évoluent dans le même univers et partagent le même plaisir pour la plage et les bains de mer (qui rappellent également l'hédonisme de *Noces*).

Même si les deux histoires paraissent éloignées, on y retrouve cette proximité de l'amour et de la mort dans une sorte de meurtre rituel par substitution qui – à tort – sera jugé comme raciste par certains commentateurs de *L'Étranger*. Nature, amour, histoire, résistance : c'est la rencontre de ces quatre éléments qui donne corps à un héros qui affronte l'absurde.

Le mythe est créé dans la simplicité, la banalité du quotidien.

Marcello Mastroianni dans *L'Étranger* de Luchino Visconti (1967).

Écrit et publié pendant la Deuxième Guerre mondiale, *L'Étranger* fait accéder Camus à la célébrité. Il n'a que 26 ans.

Une écriture nouvelle

Camus est un lecteur avide qui sait garder le recul nécessaire par rapport aux auteurs susceptibles de l'influencer. Mieux encore, il innove et étonne par une écriture nouvelle, à la fois sobre et dense, qui à son tour influencera bon nombre d'auteurs.

Albert Camus chez lui, en 1947.

Une question sans importance

« Aucun artiste ne peut se passer du réel » écrivait Camus. Dans *L'Étranger* il en donne une illustration toute particulière.

Ce roman écrit à la première personne, avec une économie de mots, dans un style maîtrisé, ressemble à une histoire que chaque lecteur aurait pu vivre. Un petit employé de bureau pauvre et solitaire est pris dans la spirale des hasards et des contradictions d'une existence sans relief et qui, cependant, va en faire un héros. L'auteur donne ici la pleine mesure de sa « philosophie » existentielle.

Ce serait une erreur de voir dans ce roman l'expression du nihilisme face à un héros qui, à l'instar de son auteur, veut ignorer Dieu qui est pour lui « une question sans importance », et le péché : deux notions d'une morale conventionnelle qui conduiront Meursault à l'échafaud.

Le cycle de l'absurde

Très tôt, Camus trace la voie de son œuvre dans laquelle il distingue deux cycles : celui de l'absurde et celui de la révolte. Le premier apparaît nettement dans *L'Étranger*. Il l'a déjà développé dans *Caligula* et le fera également dans un essai philosophique, *Le Mythe de Sisyphe,* et dans une autre pièce de théâtre, *Le Malentendu.*

La solitude de l'homme et sa misère restent le fondement de son œuvre avec, en recherche permanente, la nécessité, la volonté de les surmonter et de les dépasser.

L'influence du roman américain

Camus reconnaît avoir été influencé par la technique du roman américain ; les œuvres d'Hemingway, de Steinbeck et de Faulkner l'ont fortement impressionné, notamment par la manière dont ces auteurs traitent les comportements de leurs personnages. Cependant il en perçoit également les limites. Dans une interview accordée aux *Nouvelles Littéraires*, en novembre 45, il estimait que cette « technique romanesque » pouvait « aboutir à une impasse. Je l'ai utilisée dans *L'Étranger*, mais c'est qu'elle convenait à mon propos qui était de décrire un homme sans conscience apparente. En généralisant ce procédé, on aboutit à un univers d'automates et d'instincts. Ce serait un appauvrissement considérable. C'est pourquoi, tout en rendant au roman américain ce qui lui revient, je donnerais cent Hemingway pour un Stendhal ou un Benjamin Constant. »

Un modèle pour le Nouveau Roman

Né au début des années cinquante, le Nouveau Roman se construit autour de quelques auteurs comme Alain Robbe-Grillet, Nathalie Sarraute, Michel Butor ou Claude Simon. En réaction à la littérature à messages, à une littérature trop bavarde, elle a recours à une écriture plus dépouillée tout en étant descriptive.

L'Étranger sera un modèle pour cette « école littéraire » assez hétérogène. Mais bientôt Camus en subira les critiques, du fait de son attachement à la nature et des concepts philosophiques qui sont les siens. Il n'empêche que le style littéraire de la plupart de ces « nouveaux romanciers » s'apparente à celui du créateur de Meursault.

Le style comme la forme de *L'Étranger* vont faire de Camus un précurseur littéraire. La simplicité des situations quotidiennes en accroît la force.

« Imaginer Sisyphe heureux »

Les œuvres de Camus s'éclairent les unes les autres. Il n'est pas concevable de les aborder sans tenir compte de l'époque à laquelle chacune a été écrite, de l'état d'esprit dans lequel elles ont été conçues.

> « Il n'y a pas de liberté pour l'homme tant qu'il n'a pas surmonté sa crainte de la mort. Mais non par le suicide. Pour surmonter, il ne faut pas s'abandonner. Pouvoir mourir en face, sans amertume. »
> Carnets II

Le Rocher de Sisyphe.
Sculpture d'Alix Marquet (1930).

La tentation du suicide

En 1936 et 1937, Camus paye un premier tribut à la maladie : il ne peut devenir professeur comme il le souhaitait. Son adhésion au parti communiste se solde par une désillusion amère. Son premier mariage est un échec. L'homme est abattu, tenté (selon certains) par le suicide. Les deux années qui suivent l'écartent de cette tentation par le recours solidaire à de nouvelles activités littéraires, théâtrales et journalistiques.

Un enjeu charnel

Le déclenchement de la Seconde Guerre mondiale active chez Camus le débat métaphysique qui est au cœur de son œuvre. Il lui donne un « enjeu charnel », comme l'explique l'un de ses commentateurs, Louis Faucon.

À cette période, Camus travaille simultanément sur *L'Étranger* et sur *Le Mythe de Sisyphe* qu'il termine à Oran en 1941.

Après avoir exprimé l'absurde par le roman, l'auteur présente donc un essai dont le thème central est le rapport entre l'absurde et le suicide. Et l'on est en droit de penser que Meursault pourrait bien, dans cette histoire qui est la sienne et à laquelle il reste étranger, avoir subi le suicide d'une société qui le juge.

Le rocher de la vie

Pour traduire « ce divorce entre l'homme et sa vie, l'acteur et son décor », Albert Camus fait référence à un héros et à un de ces mythes grecs auxquels il est très attaché. Fils du dieu des vents, Éole, Sisyphe est le roi de Corinthe, redouté pour sa sournoiserie, ses exactions et ses brigandages. Il s'attire la colère de Zeus, maître des dieux, qui le tue. Grâce à une ultime supercherie, il peut quitter les enfers ; il est autorisé à retourner sur terre pour un temps seulement. Voyant qu'il ne respecte pas ses engagements, les dieux le renvoient au pays de la mort. Pour éviter toute évasion ils le condamnent à pousser éternellement en haut d'une colline un rocher qui dévale à nouveau la pente dès qu'il est parvenu à le hisser à son sommet.

Sisyphe bravant les dieux, reculant sans cesse sa fin, devient la représentation de la vie au-delà des écueils et des découragements, c'est l'homme confronté à son quotidien, à l'absurde qu'il surmonte en permanence.

Plus qu'un *credo*, c'est une volonté qui est exprimée en conclusion : « Il faut imaginer Sisyphe heureux. » (*Le Mythe de Sisyphe*)

Le devoir de lucidité

Pour Camus, l'homme qui accepte l'absurde est un homme lucide car il vit avec la conscience qu'« il n'y a pas de lendemain ».

La deuxième partie de l'ouvrage présente une « éthique de la quantité ». Apparaissent comme admirables les héros de la répétition, de l'accumulation des actes, qu'ils soient acteurs, conquérants ou don Juan, ceux-là même qui savent « utiliser l'expérience passée pour fonder (leurs) actes futurs, le temps fera vivre le temps et la vie servira la vie ».

Prenant appui sur Sisyphe, Camus nous livre un mythe avec ce qu'il comporte de réalité quotidienne : l'homme confronté à la vie sans Dieu, et au suicide.

Le temps des barbaries

C'est avec deux pièces de théâtre publiées en 1944, *Caligula* et *Le Malentendu*, qu'Albert Camus termine son cycle sur l'absurde. Il commence alors celui de la révolte qui lui est directement complémentaire. La période de la guerre sera une forme de transition angoissée entre les deux.

L'auberge du *Malentendu*

Un critique de l'époque a vu dans *Caligula* non un empereur dément mais « un esprit hanté d'absolu ». Cette pièce semble mieux réussie que la seconde « où l'on respire mal », pour reprendre le jugement de Camus lui-même.

Deux femmes aubergistes (la mère et la fille) dépouillent et noient leurs clients jusqu'à tuer ainsi l'un d'entre eux qui n'est autre que leur fils et frère. Quand elles en prennent conscience, elles se suicident.

Cette œuvre noire traduit le malaise dans lequel se trouvait l'auteur quand il l'a écrite : c'était aux pires moments de l'Occupation, il était alors en convalescence, coupé des siens, en pleine montagne.

Le temps de *La Peste*

En 1942 commence l'écriture de *La Peste* qui ne s'achèvera que cinq ans plus tard, avec cette même angoisse face aux conflits armés, au chaos, au nazisme et à ses possibles résurgences.

Chronique d'une épidémie survenue à Oran, *La Peste* est le deuxième roman de Camus. On y retrouve, dans une ville isolée, des hommes qui en meurent, d'autres qui combattent la maladie chacun avec sa « foi ». Le docteur Rieux tente de la vaincre avec ses compétences médicales qui, à elles seules, justifient son existence. Tarrou refuse cette logique du meurtre en série après l'avoir accepté. Rambert, un journaliste étranger

Dans une lettre à Roland Barthes, en date du 11 janvier 1955, Camus écrit notamment :
« La Peste, *dont j'ai voulu qu'elle se lise sur plusieurs portées, a cependant comme contenu évident la lutte de la résistance européenne contre le nazisme. La preuve en est que cet ennemi qui n'est pas nommé, tout le monde l'a reconnu et dans tous les pays d'Europe.* »

à Oran, tente de fuir pour rejoindre sa femme avant de se rendre compte combien « il peut y avoir de honte à être heureux tout seul » et de se jeter dans le combat. Quant au père Paneloux, il voit dans le fléau le signe de Dieu lui enjoignant de « s'occuper des damnés ».

Ces quatre personnages suffiraient à mettre en scène les oppositions entre l'histoire, la nature et la miséricorde divine.

> « Et sans doute une guerre est certainement trop bête, mais cela ne l'empêche pas de durer. La bêtise insiste toujours, on s'en apercevrait si on ne pensait pas toujours à soi. »
> La Peste

Un problème de conduite

La peste est vaincue au terme d'une lutte dans laquelle chacun donne la mesure de ce qu'il est face à la misère humaine. Cependant, le bacille reste vivant, et « peut-être un jour viendrait où, pour le malheur des hommes, la peste réveillerait ses rats et les enverrait mourir dans une cité heureuse ».

L'auteur ne souhaite rien démontrer ; il préfère montrer la réalité de cet enfermement dans une ville où le mal tient lieu d'exil... définitif pour certains, à combattre pour d'autres, épris d'une liberté qui – il est bon de le noter – les conduira vers la mer, dès que la ville sera ouverte à nouveau.

Les histoires, comme les vies, peuvent changer. Les grands problèmes de notre existence demeurent immuables.

> Avec la publication de *La Peste*, Albert Camus confirme, par le roman, les concepts de l'absurde déjà développés dans *L'Étranger* et *Le Mythe de Sisyphe*.

D'inquiétantes dérives

Après l'échec, en 1948, de *L'État de siège*, une pièce sur la peste, montée avec Jean-Louis Barrault, Camus entame, l'année suivante, la rédaction de *L'Homme révolté*, et d'une pièce, *Les Justes*. Il écrit dans son lit où la maladie le tient cloué.

Justes sans être héros

Inspirée de faits et de personnages authentiques, *Les Justes* met en scène des terroristes russes qui organisent un complot contre le grand-duc Serge, oncle du tsar. Au dernier moment, Kaliayev – qui partage un grand amour avec Dora – refuse de lancer la bombe car il y a deux enfants dans la calèche officielle. Il convainc ses compagnons qui, au terme d'une violente discussion de fond, acceptent de remettre l'attentat à plus tard, quand le grand-duc sera seul. Kaliayev le tue. Emprisonné, il reçoit la visite de la grande-duchesse très affligée mais qui souhaite pardonner car elle est chrétienne. Il refuse mais les autorités font croire le contraire. Il est exécuté et Dora le rejoindra dans la mort après avoir commis un autre attentat.

Camus ne cache pas son attachement à ses personnages et son désir de les faire partager au public. En fait, ici est posé le problème de la révolte et de la justice.

Changer les meurtriers en juges

En 1950, Camus publie *Actuelles I*, un recueil qui regroupe ses articles de *Combat*. L'année d'après est celle de la publication de *L'Homme révolté*. Dès les premières lignes de l'introduction, le ton est donné : « Il y a des crimes de passion et des crimes de logique. Le code pénal les distingue assez commodément, par la préméditation. Nous sommes au temps de la préméditation et du crime parfait. Nos criminels ne sont plus ces enfants désarmés qui invoquaient l'excuse de l'amour. Ils sont adultes, au contraire, et leur alibi est irréfutable : c'est la

L'HOMME L'Œ

Représentation des *Justes*, au théâtre Hébertot, en décembre 1949.

philosophie qui peut servir à tout, même à changer les meurtriers en juges. »

Nous voilà dans la droite ligne des *Justes* avec cette œuvre maîtresse qui reprend les thèmes chers à Camus : pourquoi vivre ? Quel sens donner à une vie de dénuement ? Faut-il accepter le suicide ?

L'espoir contaminé

« Je me révolte donc nous sommes » écrit Camus comme une évidence. Et d'étudier les diverses formes de révoltes (métaphysique, politique ou artistique) qui s'offrent à l'homme pour, aussitôt, en livrer les limites, les perversions et les impasses.

S'appuyant sur ses propres expériences, sur ses réflexions personnelles, il se montre très inquiet face aux dérives du monde et aux risques de guerre. Il n'en épargne pas pour autant les intellectuels qu'il juge en partie responsables de la situation.

Il s'en prend particulièrement au communisme stalinien qui « est arrivé à contaminer l'espoir de millions d'hommes » et dont les effets historiques sont, à ses yeux, en contradiction flagrante avec ses principes.

> Avec *Les Justes* puis *L'Homme révolté*, Camus entame la suite de son cycle sur l'absurde en abordant le thème de la révolte.

Les juges de l'intelligentsia

L'originalité et la différence sont-elles acceptables dans le monde clos de l'intelligentsia de gauche chapeautée par Jean-Paul Sartre ? Rien n'est moins sûr. Camus ne tardera pas à s'en rendre compte.

Une rupture également personnelle

Avec *L'Homme révolté*, ouvrage polémique, Camus ne souhaite pas jouer les pamphlétaires. En mai 1952, il écrit au rédacteur en chef du journal anarchiste *Le Libertaire* : « Si *L'Homme révolté* juge quelqu'un, c'est d'abord son auteur... Je n'ai fait le procès de personne sans faire en même temps le procès de ce que j'ai cru. J'ai décrit un mal dont je ne m'excluais pas... Il me parut que, faute de savoir plus ou d'être mieux aidé, je devais essayer de tirer une règle de conduite, et peut-être une première valeur, de la seule expérience avec laquelle je fusse d'accord, qui est notre révolte. »

Hors du divin et des idéologies

S'il reconnaît que cette révolte n'est qu'une des « dimensions essentielles de l'homme », l'auteur précise qu'elle ne peut se résumer « à l'insurrection ».

Paul Valéry, vers 1922.

Tiraillé entre une liberté absolue et les nécessités d'une efficacité historique, Camus pose, une nouvelle fois, le problème existentiel de l'homme tout en réfutant la philosophie sartrienne de l'existentialisme. Il persiste à défendre des concepts et une morale découverts dès son adolescence dans

L'HOMME L'ŒU

le « quartier pauvre » et au contact de la nature évoquée dans *Noces* : l'homme trouve sa liberté dans une révolte contre la mort, sans la médiation du divin… et d'idéologies qui, dans leurs certitudes, portent les germes de leurs aliénations.

La notion de contrepoids

Alors qu'il n'a que 24 ans, Camus a exprimé clairement son refus de tout choix définitif, estimant que choisir peut conduire à tricher. Le titre de son premier ouvrage, écrit à la même époque, traduit cette opposition qui peut être duplicitée tout en constituant un ensemble antagoniste : *L'Envers et l'Endroit*.

Dans « *La Notion de syndicalisme* », l'un des chapitres de *L'Homme révolté*, il introduit la notion de « contrepoids » qui justifie une position, considérée à tort, comme une hésitation ou une fuite. Pour lui, « ce contrepoids, cet esprit qui mesure la vie est celui-là même qui anime la longue tradition de ce qu'on peut appeler la pensée solaire et où, depuis les Grecs, la nature a toujours été équilibrée au devenir. »

Midi le juste

La vérité est-elle au zénith ? À ce moment précis, fugace, impalpable où la lumière n'a plus d'ombre ? La question est posée par Camus quand il évoque « la pensée de midi ». Il rejoint là le poète Paul Valéry chantant « midi le juste » dans son *Cimetière marin*.

Cependant, au-delà de l'expérience, de la relation à la nature et à l'histoire, de l'application du mythe à un quotidien, de la révolte nécessaire… Camus apparaît dès lors comme un philosophe. Il entre dans le champ clos de cette coterie de la pensée. Alors qu'il ne souhaite délivrer aucun message, c'est sur ceux dont on le croit porteur dans *L'Homme révolté* qu'il va être jugé, par ses lecteurs comme par les philosophes du moment. Certains d'entre eux estiment que Camus veut apparaître comme un maître à penser. Exactement le contraire de ce qu'il souhaite.

> *« Aux tièdes, aux modérés, aux assis, il faut opposer inlassablement la révolte qui brise les conforts et les privilèges ; à l'intransigeance souvent salutaire, mais parfois mortelle, il convient en retour d'être toujours prêt à opposer la mesure. La vie même est dans cette tension et ce balancement. »*
> **Roger Quillot, Commentaires de L'Homme révolté, in « La Pléiade ».**

> Produit d'une expérience, *L'Homme révolté* est perçu comme un essai philosophique présomptueux. Camus sera dès lors au centre d'une douloureuse polémique.

Victime de ses anciens amis

Depuis quelques années déjà, Albert Camus tenait à se démarquer du mouvement existentialiste et de son maître Jean-Paul Sartre.

Contre la violence confortable

Hostile aux modèles soviétique et américain (ce dernier découvert au cours d'un séjour à New York en 1946), il a édité sous le titre *Ni victimes, ni bourreaux* une série d'articles initialement publiés dans *Combat*. Sa proposition d'équilibre entre les deux blocs par une entente politique et économique internationale sera jugée utopique, voire puérile. Elle va alimenter la polémique chez les intellectuels de gauche.

La publication de *L'Homme révolté,* qu'il voulait être un « livre d'espoir », suscite une vague d'articles hostiles dans la presse de gauche ; ses alliés (prudents) d'hier deviennent ses pires détracteurs.

Prémices surréalistes

André Breton est dans les premiers attaquants. Il réagit à l'un des chapitres, « Lautréamont et la banalité », qui a été publié dès le début de l'année dans *Les Cahiers du Sud.* Camus n'y est pas particulièrement tendre pour ce poète considéré comme le père du surréalisme, et dont il estime qu'il évolue dans un « désert du conformisme ».

Breton s'indigne que « des écrivains jouissant de la faveur du public s'emploient à ravaler ce qui est mille fois plus grand qu'eux. » Camus répond. Breton riposte. Les intellectuels exultent. La critique de gauche et d'extrême gauche va faire montre d'une virulence peu courante.

Au banc des accusés

Outre les idées développées par Camus dans *L'Homme révolté,* œuvre de la discorde, on lui pardonne mal d'avoir rompu (en 1937) avec le PC. Ce qui explique notamment les critiques du journal communiste *L'Humanité* pour qui ce livre, jugé sans intérêt, fait preuve d'une « ignorance prétentieuse » et d'une « navrante indigence de pensée » de « vieilles calomnies réactionnaires ».

Pour sa part, *La Nouvelle Critique* fustige « la belle âme » et estime que « Camus veut en somme que la classe ouvrière demeure exploitée, brimée, souffrante. »

Désormais, Camus est placé dans le clan des

André Breton.

« bourgeois » (terme revenant à longueur de colonnes) et sera vilipendé jusqu'à sa mort.

La mise en coupe réglée

Jusqu'au moment où il avait déclaré qu'il ne se reconnaissait pas dans l'existentialisme, nombreux avaient été ceux qui voulaient néanmoins voir une paternité de pensée entre Sartre et Camus. Jeune journaliste à *Alger républicain*, ce dernier avait, en 1938, rendu hommage à *La Nausée* de Sartre, lequel avait salué *L'Étranger* en 1943 dans les *Cahiers du Sud*. Mais, comme nous venons de le voir, les relations entre les deux hommes vont se distendre.

L'Homme révolté ne plaît pas à l'équipe des *Temps modernes*, une importante revue littéraire dont Sartre est le directeur. Ce dernier en prévient Camus qu'il rencontre régulièrement. Mais, au lieu d'une critique nuancée, Francis Jeanson, qui a accepté de se charger de ce travail, se livre à une attaque virulente qui blesse Camus.

> Jusqu'alors inclassable, Camus affronte une polémique rude après la publication de *L'Homme révolté*. Il est fustigé par l'intelligentsia de gauche.

Un penseur gênant

Camus n'est pas dans la norme de son époque. Il propose un autre type de pensée, un peu plus de recul dans la pensée et la réflexion. Il gêne. On va tenter de l'éliminer.

La rupture avec Sartre

Réagissant à une critique virulente parue dans *Les Temps modernes*, Camus envoie une réponse à « Monsieur le directeur » de la revue.

Jean-Paul Sartre et Simone de Beauvoir, en 1948.

Elle en couvrira dix-sept pages. Sartre y répond sur vingt pages et Jeanson publie un texte qui en couvre trente. Une phrase de Sartre marque la rupture nette, irréversible : « Notre amitié n'était pas facile, mais je la regretterai. Si vous la rompez aujourd'hui, c'est sans doute qu'elle devait se rompre. Beaucoup de choses nous rapprochaient, peu nous séparaient. Mais ce peu était encore trop : l'amitié, elle aussi, tend à devenir totalitaire ; il faut l'accord en tout ou la brouille. Malheureusement, vous m'avez mis délibérément en cause et sur un ton si déplaisant que je ne puis garder le silence. »

Un nouvel exil intérieur

Camus se relèvera difficilement de cette polémique qui s'amplifie, perdure et le poursuivra jusqu'à sa mort. Il vit une période de fatigue et de doute face à ce qu'il perçoit autant comme une injustice que comme une cabale littéraire.

À la fin de cette même année 1952, il démissionne de l'Unesco (Organisation des Nations unies pour l'enseignement et l'éducation) pour protester contre l'entrée dans cet organisme de l'Espagne franquiste.

Il retourne en Algérie pour rendre visite à sa mère ; il en profite pour s'éloigner des rivages qui lui sont chers et découvrir quelques oasis sahariennes. Il est entré dans un nouvel exil, celui du monde de la littérature qui longtemps le tiendra en marge faute de pouvoir l'annexer.

L'histoire s'entête

L'année 1953 est marquée par plusieurs événements qui pourraient conforter Camus dans ses doutes et sa révolte s'il n'était aussi abattu par une constante campagne de dénigrement. En janvier le « complot des blouses blanches » éclate en URSS : des médecins gênants pour le pouvoir sont accusés d'avoir voulu faire mourir les principaux dirigeants communistes, avant d'être réhabilités, en mai, deux mois après la mort de Staline. Mais, en juin, les chars russes interviennent à Berlin-Est sous prétexte de mater une grève générale. Des émeutes en Pologne et en Tchécoslovaquie serviront de nouveau prétexte à une intervention russe. Béria est destitué avant d'être exécuté en 1953.

La guerre s'intensifie en Indochine ; elle se dessine au Maroc.

Une morale possible

Camus publie *Actuelles II*, un livre dans lequel sont regroupés des articles, textes et préfaces écrits entre 1948 et 1953. C'est une manière de marquer à nouveau son refus de la fatalité et des bannières. Tout au plus souhaite-t-il rappeler quelques principes à travers ces textes regroupés sous trois rubriques : « Justice et haine », « Lettres sur la révolte », « Création et liberté ». Comme il l'écrit dans sa préface, « ce livre ne propose ni une dogmatique, ni une morale en forme. Il affirme seulement, une fois de plus, qu'une morale est possible, et qu'elle coûte cher. »

L'accueil hostile de *L'Homme révolté* par une grande partie de la critique pousse Camus au silence.

Deux années de doute

À l'époque de sa rupture avec Sartre, Camus se rapproche des syndicalistes révolutionnaires, défendant même des thèses anarchistes. Il publie des textes dans des revues de cette mouvance et prononce des conférences à connotations libertaires. Cette inclination n'est pas sans rapport avec son attachement à l'Espagne.

Comme l'écrit Roger Quillot dans « La Pléiade », « *Au lendemain de* L'Homme révolté, *Camus a vécu une crise physique et morale confinant parfois à la dépression, qui lui interdit de travailler comme il le faisait d'ordinaire : c'est au creux de son activité qu'il imagina d'écrire des nouvelles qui ont donné* L'Exil et le Royaume *mais aussi* La Chute, *qu'il renoua quelque temps avec le journalisme et qu'il s'attacha à traduire les œuvres d'auteurs étrangers ou anciens.* »

Fidélité aux origines

Camus vit alors une phase d'expectative et de doute accentué par la maladie qui, en pareils moments, manifeste douloureusement sa présence.

En juin 1953, dans le cadre du festival dramatique d'Angers, il met en scène deux pièces qu'il a adaptées pour la circonstance : *La Dévotion à la croix* de Pedro Calderon (un poète dramatique espagnol du XVIIe siècle) et *Les Esprits* de Pierre de Larivey (un prosateur français du XVIe siècle). Il commence l'adaptation des *Possédés*, l'un des chefs-d'œuvre de Dostoïevski.

À la même époque, il écrit une longue préface pour la réédition de *L'Envers et l'Endroit* : une manière d'affirmer sa fidélité à ses origines et à cette morale simple acquise dès l'enfance et qu'il n'aura cessé de défendre tout au long de son œuvre ; c'est également un retour aux racines, à cette Algérie à laquelle il est d'autant plus attaché qu'il en est éloigné.

Persistance de l'exclusion

L'année de ses quarante ans (1954), Camus va vivre dans une réelle angoisse de la création, doutant même de ses capacités à écrire. Si son action militante se poursuit, il occupe beaucoup de son temps en voyages, notamment aux Pays-Bas et en Italie.

Il rédige une *Présentation du désert* pour un film de Walt Disney et une préface pour *L'Allemagne vue* par les écrivains de la Résistance française de Konrad Bieber ; son titre, *Le Refus de la haine,* peut prendre une double signification en ces temps où il est victime d'un ostracisme constant.

Ce texte lui vaudra d'ailleurs de nouveaux reproches de la part de Jean-Marie Domenach. Comme il le confessera l'année suivante : « Je suis né dans une famille, la gauche, où je mourrai, mais dont il m'est difficile de ne pas voir la déchéance ».

L'affirmation d'une pensée

Au printemps de cette année 1954 paraît *L'Été,* une série de huit textes – écrits entre 1939 et

1953 – qui s'inscrivent dans la tradition des essais « solaires », pour reprendre l'expression de l'auteur. Ce livre est dans la lignée de *Noces* ; Camus y insiste sur les « vertus conquérantes de l'esprit » tout en réaffirmant la pérennité des mythes grecs et le poids de « midi le juste » face à la mer, à l'homme et à l'Histoire.

Camus persiste et signe jusque dans cet exil qu'il évoque par le concret comme par la métaphore. C'est une manière de redire combien la tentation est grande pour l'homme de céder aux sirènes de l'Histoire, même, et surtout, si « le néant ne s'atteint pas plus que l'absolu ».

Durant les années suivant la publication de *L'Homme révolté,* Camus écrit peu. Il traverse une longue période de doute et de désillusion.

La fracture algérienne

« D'une certaine manière, le sens de l'histoire de demain n'est pas celui qu'on croit. Il est dans la lutte entre la création et l'inquisition. » Cette phrase de *L'Été* paraît prémonitoire ; tout autant que l'est la description de Tipasa cernée de barbelés, et de ses champs « couverts d'arbres amers ». Quelques mois plus tard, en novembre 1954, éclate la guerre d'indépendance en Algérie.

L'inéluctable non pressenti

Au sein du parti communiste, Camus avait côtoyé et soutenu des militants indigènes favorables à l'indépendance de l'Algérie ; comme journaliste à *Alger républicain* puis à *Combat* il écrira plusieurs articles mettant l'accent sur la misère et l'injustice dont sont victimes ces mêmes indigènes, allant jusqu'à écrire qu'ils risqueraient, à terme, de ne plus vouloir être français, si tant est qu'on le leur propose un jour. Voilà qui donnerait à penser que la guerre d'Algérie ne surprend pas ce « libéral » dont les cris d'alarme sont restés sans échos.

Tel n'est pas vraiment le cas. À l'instar de la grande majorité des Européens de cette colonie française, Camus ne pressent pas le drame et encore moins l'inéluctable indépendance du pays.

Mal à l'Algérie

En 1955, le sultan du Maroc est rétabli dans ses droits par la France qui accepte le principe d'indépendance « dans l'interdépendance » de ce pays encore placé sous protectorat.

Cette même année, Camus collabore à *L'Express* et s'exprime largement sur ce qu'on appelle alors « les événements » d'Algérie. En octobre 1955, il écrit une « lettre à un militant algérien » qui sera publiée dans *Communauté algérienne*, un journal créé au lendemain

« Sur quoi repose l'attitude de Camus pendant la guerre d'Algérie ? Sur les bases même de son être et de son œuvre. Camus est algérien. Il croit à l'accord de l'homme et de la terre, c'est-à-dire à toute solution qui ne divorce pas l'homme de la nature. (...) Il exalte la différence pour parvenir à l'unité. » Morvan Lebesque, *Camus par lui-même*.

L'HOMME   L'ŒUV

Algérie :
des musulmans
participent
à l'opération
« Jumelles »,
en août 1959.

du déclenchement de la guerre. On peut y lire « ... J'ai mal à l'Algérie, en ce moment, comme d'autres ont mal aux poumons. » Et, un peu plus loin : « Il faut donc arrêter cette surenchère (de la violence) et là se trouve notre devoir, à nous, Arabes et Français, qui refusons de nous lâcher les mains. » À ce prix, Camus espère que les deux communautés retrouvent « ensemble une patrie ».

L'année suivante, il estime que l'action des indigènes est légitime dans la mesure où elle souligne « cette part d'eux-mêmes que les musulmans algériens voulaient sauvegarder. » Son humanisme et son souci de justice ne cessent de se déployer au fil des colonnes et des déclarations, cependant, il ne voit pas d'alternative autre que nihiliste, et au terme de laquelle aucune autonomie n'est possible, hors de la France. Pour lui, c'est une sorte de « romantisme » qui a conduit « des insurgés très jeunes et sans culture politique (...) à réclamer leur indépendance ». Cette demande serait d'autant plus irréaliste qu'il « n'y a jamais eu encore de nation algérienne ».

> Quand la guerre éclate en Algérie, Camus n'en perçoit pas toute la portée. Il n'y voit qu'un mouvement romantique, sans avenir.

Le juge pénitent

Bon nombre de lecteurs et de critiques auront voulu reconnaître Camus dans le personnage central de *La Chute*. En cette période de doute et de dépit, cette idée est légitime.

Erreur d'analyse

Camus persiste à penser que la guerre d'Algérie n'a pas de réel fondement nationaliste et que les militants du FLN (Front de libération nationale) sont manipulés. À ses yeux, « il faut considérer la revendication de l'indépendance nationale algérienne, en partie comme une des manifestations de ce nouvel impérialisme arabe, dont l'Égypte, présumant de ses forces, prétend prendre la tête, et que, pour le moment, la Russie utilise à des fins de stratégie anti-occidentale ». De fait, il analyse imparfaitement une situation sur laquelle il n'aura que très peu de prise.

Pour une trêve civile

En 1956, face à l'aggravation du terrorisme, il se rend à Alger et lance, le 22 janvier, son *Appel pour la trêve civile* afin d'« obtenir que le mouvement arabe et les autorités françaises, sans avoir à entrer en contact ni à s'engager à rien d'autre, déclarent simultanément que pendant toute la durée des troubles, la population civile sera, en toute occasion, respectée et protégée ».

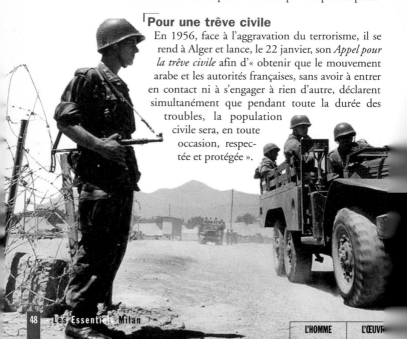

L'HOMME   L'ŒUVRE

Cet appel n'aura aucun écho. Alors que la France reconnaît l'indépendance du Maroc et de la Tunisie, la guerre se durcit en Algérie du côté de l'armée et des civils.

Camus est désespéré ; il commence à vraiment douter que cette guerre puisse déboucher sur une réconciliation des communautés.

Une action politique intense

Durant l'année 1956, le monde se fissure, les conflits perdurent ou se précisent. Nasser nationalise le canal de Suez, les chars soviétiques interviennent, par deux fois, à Budapest. Camus proteste contre une répression anti-ouvrière, en juin, à Poznan (Pologne) ou intervient en faveur d'un condamné à mort anti-franquiste. Il demande à l'ONU d'exiger le retrait des troupes de Hongrie, et des élections libres et démocratiques dans ce pays.

Entre l'homme et sa vérité

Cette action politique intense ne le coupe pas de ses activités littéraires. En juillet, il a publié *La Chute*. Ce livre met en scène Clamence, un ancien avocat de renom qui se livre à une confession sous forme de prise de conscience face à un passé dont il devient le « juge pénitent ».

Le récit, qui mêle le cynisme et un réalisme cher à l'auteur, ne trompe pas les lecteurs. Le miroir que tend le personnage, c'est celui de l'auteur dans lequel il se décrit et montre le monde qui l'environne. Pour Roger Quillot, « prétendre identifier Camus à Clamence serait une erreur (aussi) grossière ». Tel n'est pas l'avis de Simone de Beauvoir pour qui l'autoportrait est flagrant : « C'était sa voix, ses gestes, son charme, un portrait sans emphase et exact, dont la sévérité était subtilement tempérée par ses excès même. Camus réalisait son vieux projet : combler la distance entre sa vérité et sa figure. »

De cette « confession calculée », Camus lui-même ne livrera pas le secret. Cependant, elle arrive à une période où l'on peut estimer que l'auteur a éprouvé le besoin de témoigner par le roman, comme il l'avait fait en d'autres moments de sa vie.

> « *Où commence la confession, où l'accusation ? Celui qui parle dans ce livre fait-il son procès, ou celui de son temps ? Est-il un cas particulier, ou l'homme du jour ? Une seule vérité en tout cas, dans ce jeu de glace étudié : la douleur, et ce qu'elle promet.* »
> La Chute, prière d'insérer.

> Camus n'apprécie pas à leur valeur les motivations profondes de la guerre d'Algérie. Il s'emploie activement à la paix par une action politique et littéraire. En vain.

Le miroir de Jonas

Attaques perfides, exil littéraire, désappointement n'empêchent pas Camus, à l'instar d'un de ses héros, Jonas, de rester solidaire jusque dans sa solitude imposée.

L'Exil et le Royaume

En mars 1957, Camus publie *L'Exil et le Royaume*, un recueil de six nouvelles dont faisait partie initialement *La Chute* sous une forme réduite. Comme il l'expliquera lui-même dans un « prière d'insérer » : « Un seul thème pourtant, celui de l'exil, y est traité de six façons différentes, depuis le monologue intérieur jusqu'au récit réaliste. (...) Quant au royaume dont il est question aussi, dans le titre, il coïncide avec une certaine vie libre et nue que nous avons à retrouver, pour renaître enfin ».

Là encore, il serait peut-être hâtif d'identifier l'auteur à certains de ses héros ou à certaines situations.

Il n'empêche que, selon son propre aveu, c'est bien l'exil qui est au centre de ses préoccupations, cet exil qui, après avoir été intérieur (en littérature) semble bien devenir géographique, du fait de cette guerre dont l'issue ne paraît pas être celle de la réconciliation.

L'exil, c'est aussi le silence dans lequel Camus va s'enfermer.

La solitude de l'artiste

Camus a toujours refusé d'être un philosophe, préférant le terme d'artiste. Et comment ne pas céder à la comparaison de l'auteur et d'un des personnages

Albert Camus, en 1958.

L'HOMME   L'ŒUV

de *L'Exil et le Royaume* ? Jonas, le peintre et personnage titre d'une des nouvelles, se retire dans sa soupente pour pouvoir travailler ; là lui arrive le brouhaha d'une foule oppressante dont les bruits et rumeurs ne « semblent désormais ne plus le concerner tout en s'adressant à lui ».

Et, au centre de la toile blanche, il écrit « en très petits caractères, un mot dont on ne savait s'il fallait y lire *solitaire* ou *solidaire*. »

Refus du terrorisme civil

Le silence tragique et désespéré de Camus fera l'objet de mises en accusation. On lui reproche, compte tenu de ses écrits et engagements passés, de ne pas entrer en « résistance » aux côtés des rebelles algériens.

En juin 1957, répondant à l'un de ses détracteurs, il écrit : « Français, je ne puis m'engager dans les maquis arabes. Français d'Algérie, et dont la famille est exposée sur les lieux mêmes, je ne puis approuver le terrorisme civil qui frappe d'ailleurs beaucoup plus les civils arabes que les français.

On ne peut pas me demander de protester contre une certaine répression, ce que j'ai fait, et de justifier un certain terrorisme, ce que je ne ferai jamais. »

Non à la mort légalisée

Poursuivant son action militante, et dans le droit fil de ses écrits, il publie, en juin, les *Réflexions sur la guillotine* qui seront ultérieurement jointes à des textes d'Arthur Kœstler et de Jean-Michel Bloch.

Réfutant l'exemplarité, dont il démontre les limites, et méfiant vis-à-vis d'une justice faillible, il refuse cette peine définitive comme arme de défense faussement légitimée. Il refuse que l'erreur puisse devenir un crime.

Ce texte, dans sa portée philosophique, exprime également la position de Camus face au drame algérien dans lequel il refuse de choisir, chacun des deux camps étant à la fois celui de la justice et du bourreau.

Choisir un camp ?

Camus se refuse à être un guide politique. Même et surtout si à la même époque les intellectuels de gauche s'engagent de manière manichéenne aux côtés des opprimés algériens et du mouvement de libération. Il ne veut et ne peut choisir un camp au détriment de l'autre.

Prenant conscience de l'issue possible de la guerre, sur laquelle il n'a pas de prise, Camus choisit le silence.

Le plus jeune prix Nobel

Le 17 octobre 1957, le prix Nobel de littérature est décerné à Albert Camus. Il a 43 ans ; c'est le neuvième Français, et le plus jeune auteur à recevoir cette haute distinction.

Une épreuve

Camus est toujours taraudé par le doute et, contre toute attente, ce prix sera plus une épreuve qu'une consécration. Il envisage même de le refuser. André Malraux lui paraît, bien plus que lui, mériter cet honneur. Par ailleurs, il est conscient que cette haute distinction internationale vient couronner, plus qu'une œuvre, un auteur encore « un peu jeune » comme il le déclare à *Franc-Tireur* avant de préciser : « Je suis simplement reconnaissant au Comité Nobel d'avoir voulu distinguer un écrivain français d'Algérie. Je n'ai jamais rien écrit qui ne se rattache, de près ou de loin, à la terre où je suis né. C'est à elle, et à son malheur, que vont toutes mes pensées. »

Le choix de Camus n'est pas entièrement neutre. Le Comité avait également pensé à Sartre, Malraux, Beckett, Saint-John Perse et Pasternak. Camus a été choisi pour son « engagement moral authentique ».

Dès qu'il apprend le choix du comité, il téléphone à sa mère, laquelle n'a pas la réaction attendue, ignorante qu'elle est de la portée du prix et de l'œuvre qu'il couronne.

« Nobel. Étrange sentiment d'accablement et de mélancolie. À 20 ans, pauvre et nu, j'ai connu la vraie gloire. Ma mère ! »
Carnets, 17 octobre 1957.

Le *Discours de Suède*

Selon la tradition, Albert Camus prononce, le 10 décembre 1957, à l'hôtel de ville de Stockholm, un discours qu'il dédie à M. Louis Germain, son ancien instituteur. Il y expose ses idées concernant son art et le rôle de l'écrivain, insistant sur le rôle de l'artiste (dans sa confrontation avec la réalité sociale) qui « se forge dans cet aller-retour perpétuel de lui aux autres, à mi-chemin de la beauté dont il ne peut se passer et de la communauté à laquelle il ne peut s'arracher. »

Albert Camus
reçoit le prix Nobel
de littérature.

Quatre jours plus tard, à l'issue d'une conférence sur le même thème, il est pris à parti par un jeune militant algérien lui reprochant ne pas s'être engagé davantage. Blessé, il lui fait part de son sentiment, lui disant qu'il « partage son malheur » avant de lui expliquer les raisons de son silence et les limites imposées à son engagement ; c'est à ce moment qu'il lui dit : « J'ai toujours condamné la terreur, je dois condamner aussi un terrorisme qui s'exerce aveuglément, dans les rues d'Alger par exemple, et qui un jour peut frapper ma mère ou ma famille. Je crois à la justice, mais je défendrai ma mère avant la justice. »

La corrida

Cette dernière phrase, la consécration du Nobel et le discours de Stockholm fustigeant les systèmes vont ranimer la polémique. La plupart des journaux sonnent l'hallali. Une lettre écrite à son maître Jean Grenier nous éclaire sur son état d'esprit à l'issue de ces cérémonies éprouvantes : « La corrida se termine tout à l'heure, le taureau étant mort ou presque. »

En mars 1956, Camus envisage de quitter Paris pour se réinstaller à Alger. À la même époque, il écrit à son ami le romancier Emmanuel Roblès : « Si un terroriste jette une grenade au marché de Belcourt que fréquente ma mère et s'il la tue, je serais responsable dans le cas où, pour défendre la justice, j'aurais également défendu le terrorisme. »

> Le prix Nobel marque la consécration d'Albert Camus. Il sera également son exil littéraire, sa mise au silence.

Retour au silence

« Ce couronnement est un enterrement sous les fleurs... ». Cette phrase reprise par Roger Quillot traduit bien l'atmosphère du Nobel, qui est un très amer triomphe pour Albert Camus.

Espérances fédéralistes

En 1958, avec l'argent que lui a rapporté le Nobel, Camus achète une maison à Lourmarin, dans la campagne du Luberon qui lui rappelle celle de la Mitidja. Il souhaite pouvoir y faire venir sa mère ; mais, de même qu'elle avait refusé quelques années plus tôt de s'installer à Paris, elle préférera, une fois de plus, son appartement de Belcourt.

En juin, il publie *Actuelles III*, une somme de chroniques algériennes écrites depuis 1939. C'est une manière de rappeler, sans rompre le silence, le travail de journaliste qu'il a accompli durant 20 ans en faveur de la justice et de l'égalité entre les communautés. À ces textes, il en ajoute deux autres écrits en 1958, intitulés *Algérie 1958* ; il se prononce en faveur de thèses avancées par Marc Lauriol qui lui paraissent « unir les avantages de l'intégration et du fédéralisme » tout en « respectant les particularismes ». Des thèses qu'il a déjà proposées dans le passé.

Enquête sur la torture

La torture sévit en Algérie. L'Assemblée nationale investit le général de Gaulle et vote les pouvoirs spéciaux. André Malraux, ministre délégué à la présidence du Conseil, invite les trois prix Nobel français (Martin du Gard, Mauriac et Camus) à enquêter sur les tortures. Seul Camus acceptera. Il n'y aura pas d'enquête.

Sortir de la stérilité...

À tous ses proches, Camus confesse cette même incapacité qu'il éprouve à écrire. Les mêmes qui lui reprochaient ses écrits lui font grief de son silence. Il vit dans

---

Jean-Paul Sartre rend un vibrant hommage à Camus, dans *France Observateur*, trois jours après sa disparition. « *Nous étions brouillés lui et moi : une brouille ce n'est rien – dût-on ne jamais se revoir – tout juste une autre manière de vivre ensemble et sans se perdre de vue dans le petit monde étroit qui nous est donné. Cela n'empêche pas de penser à lui, de sentir son regard sur la page du livre, sur le journal qu'il lisait et de me dire : "Qu'en dit-il ? Qu'en dit-il en ce moment ?"* » »

L'HOMME | L'ŒUVRE

une double angoisse : celle de sa stérilité littéraire, et celle de cette guerre.

Il écrit cependant de petits textes qui n'en ont pas moins d'importance et de qualité, notamment une préface pour l'édition allemande des poésies de René Char, dont il est devenu le voisin et qu'il tient en une amitié fraternelle depuis une dizaine d'années. Écrire… c'est une obsession pour Camus dont la production paraît désormais compromise.

Une mort… absurde

En janvier 1959, il met en scène *Les Possédés* au théâtre Antoine et préface la réédition des *Îles* de Jean Grenier.

Il est tenté par une proposition que lui fait André Malraux, devenu ministre des Affaires culturelles : diriger la Comédie-Française. Mais sa santé n'est pas bonne, et il préférerait avoir la responsabilité d'un théâtre d'essai du même genre que celui de « L'Équipe ». De nouvelles propositions lui sont faites : le théâtre Hébertot ou l'Athénée. Il demande un temps de réflexion. Il lui faudra donner une réponse le 4 janvier.

Ce 4 janvier 1960, Camus est tué dans un accident de voiture, à Villeblevin près de Montereau. Dans sa serviette, on trouvera un ticket de train qu'il n'a pas utilisé. Michel Gallimard l'a convaincu de le rejoindre en voiture ; il mourra avec lui dans l'accident. Sur une route droite.

Il ne connaîtra pas l'issue de la guerre d'Algérie qui se terminera en juillet 1962 et débouchera sur l'indépendance du pays.

En s'installant en Provence, Camus s'éloigne de Paris mais ne parvient plus à retrouver sa créativité littéraire. Le 4 janvier 1960, il trouve la mort dans un accident de voiture.

Mémoire du *Premier Homme*

Quelques mois avant sa mort, Camus s'était remis au travail. Il rédigeait un ouvrage dont il avait l'idée depuis huit ans au moins : *Le Premier Homme*. On en trouva le manuscrit dans sa sacoche.

Lucien Camus en zouave, père d'Albert Camus tué à la première bataille de la Marne en 1914.

Une longue maturation

En fait, ce récit incomplet (qui ne sera publié en l'état qu'en 1994) était un vieux projet puisque Camus en parle dans ses *Carnets* dès octobre 1953, donnant la clé du titre : « Recherche d'un père ou le père inconnu. La pauvreté n'a pas de passé. Le jour où dans le cimetière de province… X découvrit que son père était mort plus jeune qu'il ne l'était lui-même à ce moment-là… que celui qui était couché là était son cadet depuis deux ans bien qu'il y eût 35 ans qu'il fût étendu là… Il s'aperçut qu'il ignorait tout de ce père et décida de le retrouver… »

Camus portera ce projet durant sept ans, avant de lui donner forme dans cet exil de Lourmarin, à un moment où il lui fallait renouer avec ses racines, avec cette terre si proche et qui lui devenait étrangère.

Il semble qu'il ait voulu refermer une boucle en revenant aux origines comme pour s'éloigner un peu plus encore des miasmes de la critique hostile et souvent perfide.

Avec une économie de moyens et de mots, il dresse une fresque des quartiers pauvres d'Alger dans les années vingt. Il témoigne avec pudeur et sensibilité d'une vie simple et heureuse dans cet univers dont « la misère est une forteresse sans pont-levis ».

Au-delà de l'histoire de sa famille, c'est celle de bien d'autres gens, de tout un peuple qui avance coura-

geusement dans la quête d'un bonheur quotidien…
Éternelle confrontation de l'homme à sa misère, à l'absurde et à la nécessité de la révolte.

Retour au quartier pauvre

Curieusement, ce dernier texte de Camus commencé en
pleine maturité (46 ans) fait pendant à son premier
roman écrit vingt-quatre ans plus tôt : *L'Envers et
l'Endroit.*
On retrouve bien des similitudes dans les situations et
les personnages : la famille, Belcourt, le lycée.
On y retrouve cette morale des simples, des humbles,
cette pérennité de la nature. De fait, Camus souhaita
longtemps réécrire son premier roman.

Comme l'explique Jacqueline Lévi-Valensi dans une
analyse sur « la relation au réel dans le roman camu-
sien » : « On peut voir dans le renvoi à *"ces deux ou trois
images simples et grandes sur lesquelles le cœur, une première fois, s'est ouvert"* une parfaite définition du type de
relation que l'œuvre entretient avec le réel, et qui
s'inscrit précisément, et à un double point de vue, dans
cette dialectique du clos et de l'ouvert. »
Sa morale personnelle et sa morale sociale sont imbri-
quées en permanence tout au long de ses écrits, de
quelque nature qu'ils soient.

Passion du bonheur

Résolument en marge de tous les courants, des idéologies et des systèmes, il a poursuivi la même réflexion
sur l'homme et sa condition dans son environnement
quotidien, dans la permanence de la nature et de
l'histoire.
Face aux souffrances imposées, devant la mort inéluctable, « l'homme est sa propre fin, et il est sa seule fin »
(*Le Mythe de Sisyphe*) et, poussant son rocher, il ne doit
jamais céder à la résignation ou au désespoir.
Cet « homme révolté » aura défendu ces convictions
jusqu'au terme de sa vie.

Dans les nombreuses notes ayant précédé la rédaction du *Premier Homme* on trouve celle-ci : « *Tels que nous sommes braves et fiers et forts… si nous avions une foi, un Dieu, rien ne pourrait nous entamer. Mais nous n'avions rien, il a fallu tout apprendre, et vivre seulement pour l'honneur qui a ses défaillances…* »

Jusqu'au terme de sa vie, en 1960, Camus est resté fidèle à des principes dont toute son œuvre témoigne sans défection.

Des mots, une œuvre

La tentation est grande d'imaginer quelles auraient été les positions de Camus, après l'indépendance de l'Algérie ou, plus largement, dans notre siècle finissant. Cet exercice est d'autant plus illusoire que toute création a ses limites dans le temps... Une seule certitude demeure : l'œuvre de Camus résiste au temps, aux générations et aux modes.

« L'enfer, c'est le paradis plus la mort. » (Carnets III)

Une réclusion littéraire

Le style même de Camus n'était-il pas en train de se modifier au moment où il disparut ? Il est difficile d'en juger à partir du manuscrit du *Premier Homme* quasiment écrit d'une traite et n'ayant pas encore été corrigé. Les *Carnets I* et *II* publiés respectivement en 1962 et 1964, ne peuvent livrer d'indications suffisantes, du fait même de leur fonction. Tout au plus peut-on lire cette note datant de la fin 1959 : « Avant d'écrire un roman, je me mettrai en état d'obscurité et pendant des années. Essai de concentration quotidienne, d'ascèse intellectuelle et d'extrême conscience. » À cette époque, il travaille à la rédaction du *Premier Homme*.

Soucieux d'une écriture aussi forte que dépouillée, qu'il a toujours pratiquée (hormis dans certains de ses « essais ») Camus semble viser à l'essentiel. Ce qui n'est pas sans rappeler un ouvrage passé quasiment inaperçu : *La Postérité du soleil* publié en 1952. Sur des photographies vauclusiennes d'Henriette Grindat, il avait livré des textes extrêmement courts, en forme d'aphorismes forts et denses.

Dans ce retrait de Lourmarin, Camus avait-il trouvé cette forme de réclusion littéraire propice à un nouveau style, à un élan neuf ?

> « ... Mais sa voix s'est tue. Et l'on ne peut s'empêcher d'oublier un moment tout ce qu'il a dit, pour penser à tout ce qu'il aurait pu dire à propos de ce pari qu'il avait engagé sur "l'homme sans autre avenir que lui-même". » Jean Grenier

Ses mots préférés

À une question concernant ses dix mots préférés, Camus répondait : « Le monde, la douleur, la terre, la mère, les hommes, le désert, l'honneur, la misère, l'été, la mer. » À ces mots répondent de nombreuses citations

La maison de Camus à Lourmarin, dans le Luberon.

ou évocations ; nous avons retenu celles-ci :

Monde : « Je suis heureux de ce monde car mon royaume est de ce monde. » (*Carnets*, mai 1935)

Douleur : « … constante justification des hommes qui est la douleur. » (*Actuelles I*)

Terre : « Cette entente amoureuse de la terre et de l'homme délivré de l'humain – ah ! je m'y convertirais bien si elle n'était déjà ma religion. » (*Noces*)

Mère : « J'aimais ma mère avec désespoir. Je l'ai toujours aimée avec désespoir. » (*Carnets*)

Hommes : « Le monde où je vis me répugne, mais je me sens solidaire des hommes qui y souffrent. » (*Actuelles I*)

Désert : « Dans la pleine chaleur sur les dunes immenses, le monde se resserre et se limite. C'est une cage de chaleur et de sang. » (*Carnets*)

Honneur : « … j'ai besoin d'honneur parce que je ne suis pas assez grand pour m'en passer. » (*L'Envers et l'Endroit*)

Misère : « … pour corriger une indifférence naturelle, j'ai été placé à mi-distance de la misère et du soleil. » (*L'Envers et l'Endroit*, préface)

Été : « La merveilleuse paix de cet été endormi entrait en moi comme une marée. » (*L'Étranger*)

Mer : « Méditerranée, oh ! mer Méditerranée ! Seuls, nus, sans secrets, tes fils attendent la mort. »
« La mort te les rendra, purs, enfin purs… » (Poème de jeunesse).

> Aux supputations sur les évolutions de Camus au-delà d'une mort prématurée, mieux vaut privilégier son œuvre qui reste d'actualité.

CTURE   APPROFONDIR

Bibliographie

La présente bibliographie est relative
aux différentes œuvres de Camus éditées en France.
En sont exclues les traductions étrangères,
les articles de presse n'ayant pas fait l'objet
de regroupement pour l'édition,
les *Carnets I* à *III* (édités en 1962, 1964 et 1989),
les préfaces et les adaptations pour le théâtre.
Par ailleurs, l'ensemble de l'œuvre est paru
dans les deux tomes de « La Pléiade » (Gallimard) dès 1965,
avec des rééditions ultérieures.

ŒUVRES DE CAMUS
Les dates et éditeurs indiqués
ci-dessous sont ceux des éditions
originales.

Révolte dans les Asturies, Essai de
création théâtrale collective, Charlot,
Alger, 1936.
L'Envers et l'Endroit, Essai, Charlot,
Alger, 1937.
Noces, Essai, Charlot, Alger, 1939.
L'Étranger, Roman, Gallimard,
1942.
Le Mythe de Sisyphe, Essai,
Gallimard, 1942.
Le Malentendu suivi de *Caligula,*
Théâtre, Gallimard, 1944.
Lettres à un ami allemand, Essai,
Gallimard, 1945.
La Peste, Récit, Gallimard, 1947.
L'État de siège, Théâtre, Gallimard,
1948.
Actuelles I, Chroniques 1944-1948,
Prassinos et Gallimard, 1950.
Les Justes, Théâtre, Prassinos et
Gallimard, 1950.
L'Homme révolté, Essai, Prassinos et
Gallimard, 1951.
Actuelles II, Chroniques 1948-1953,
Prassinos et Gallimard, 1953.
L'Été, Essais, Gallimard, 1954.
La Chute, Récit, Prassinos et
Gallimard, 1956.
L'Exil et le Royaume, Nouvelles,
Prassinos et Gallimard, 1957.
Réflexions sur la guillotine, Essai,
Gallimard, 1957.
Actuelles III, Chroniques algé-
riennes : 1939-1958, Prassinos et
Gallimard, 1958.
Discours de Suède, Gallimard, 1958.
La Mort heureuse, Roman inachevé,
Gallimard, 1973.
Le Premier Homme, Roman
publié à l'état de manuscrit inachevé,
Gallimard, 1994.

L'HOMME | L'ŒU

Disponibles en collections de poche :

L'Étranger, Le Livre de poche n° 406.
Noces, suivi de *L'Été*, Folio-Gallimard n° 16.
Caligula, Folio-Gallimard n° 64.
Caligula, suivi de *Le Malentendu*, Le Livre de poche n° 1 491.
Le Mythe de Sisyphe, Idées-Gallimard n° 1.
L'Exil et le Royaume, Folio-Gallimard n° 78.
La Chute, Folio-Gallimard n° 10.

La collection « Profil littérature » des éditions Hatier propose des analyses de :

La Chute, n° 1.
L'Étranger, n° 13.
La Peste, n° 22.
Les Justes, n° 47.

Sept *Cahiers Albert Camus* ont été édités par Gallimard :

I *La Mort heureuse* (cité p. 60).
II VIALLANEIX (Paul), *Le Premier Camus*, suivi d'*Écrits de jeunesse d'Albert Camus*.
III *Fragments d'un combat (1938-1940)* – Articles d'*Alger républicain*.
IV *Caligula* (version de 1941).
V *Albert Camus : œuvre fermée, œuvre ouverte ?* Actes du colloque de Cerisy, juin 1982.
VI *Albert Camus éditorialiste à* L'Express *(mai 1955-février 1958)*
VII *Le Premier Homme* (cité p. 60).

À PROPOS DE CAMUS

Pour une meilleure approche de la pensée, de l'œuvre ou de la vie de Camus, nous suggérons les ouvrages suivants :

BOONE (Danièle), *Camus*, Henry Veyrier éditions, 1987.
BRISVILLE (Jean-Claude), *Camus*, Gallimard, « Bibliothèque idéale », 1959.
GRENIER (Jean), *Albert Camus, souvenirs*, Gallimard, 1980.
GRENIER (Roger), *Albert Camus, soleil et ombre*, Gallimard, 1987.
LEBESQUE (Morvan), *Camus par lui-même*, Le Seuil, « Écrivains de toujours », 1963.
LENZINI (José), *L'Algérie de Camus*, Édisud, 1987.
LOTTMAN (Herbert), *Albert Camus*, Le Seuil, 1978.
QUILLOT (Roger), *La Mer et les Prisons*, essai sur Albert Camus, Gallimard, 1980.

Les personnes s'intéressant aux travaux, conférences, colloques organisés sur Camus et à l'actualité de l'œuvre – en France comme à l'étranger – peuvent prendre contact avec :

La Société
des études camusiennes,
1, avenue Jean-Jaurès,
92120 Montrouge.

Index

L'HOMME   L'ŒU

Dans la même collection :

Responsable éditorial : Bernard Garaude
Directeur de collection – édition : Dominique Auzel
Secrétariat d'édition : Mathilde Fournier, Véronique Sucère
Correction – révision : Jacques Devert
Lecture – collaboration : Pierre Casanova
Iconographie : Sandrine Guillemard
Fabrication : Isabelle Gaudon, Hélène Zanolla
Conception graphique : Bruno Douin
Couverture : Olivier Huette
Maquette : François Le Moël

Crédit photos :

Archives Photos France : pp. 3, 26, 30, 36, 42, 47, 48, 53 / Roger-Viollet : pp. 5, 6, 9, 11, 12, 15, 17, 18, 21, 23, 25, 29, 32, 35, 37, 38, 41, 42, 45, 50, 55, 56 / P. Tomasini – Agence Freestyle : p. 59

Les erreurs ou omissions involontaires qui auraient pu subsister
dans cet ouvrage malgré les soins et les contrôles de l'équipe
de rédaction ne sauraient engager la responsabilité de l'éditeur.

Aubin Imprimeur, 86240 Ligugé. — D.L. 4e trim. 2002. — Impr. P 64305